LA

SOCIÉTÉ ARCHÉOLOGIQUE

DE

RAMBOUILLET

A SENLISSE ET A DAMPIERRE

PAR

F. LORIN

Secrétaire de la Société archéologique de Rambouillet

VERSAILLES

IMPRIMERIE AUBERT

6, Avenue de Sceaux, 6

1901

LA

SOCIÉTÉ ARCHÉOLOGIQUE DE RAMBOUILLET

A SENLISSE ET A DAMPIERRE

DU MÊME AUTEUR

Florian au val Saint-Germain (t. VIII, in-8°, des *Mémoires de la Société archéologique de Rambouillet*, 1888).
Victor Hugo à Montfort (*id.*).
Compte rendu des conférences de MM. Poincaré, Chenu, Jamais, Dubief (*Bulletin de la Société de Patronage*, 1889).
Colin d'Harleville à Emancé (t. IX, in-8°, des *Mémoires*, 1891).
Une excursion à Pontchartrain : le duc de Nivernais et Alfred de Musset (*id.*).
Une soirée au château de Rambouillet, en novembre 1636 (*id.*).
Inventaire de l'hôtel et du château de Rambouillet en 1652, 1666, 1671 (1894).
Observations sur le projet de l'augmentation de la patente des avoués (1895).
Desportes aux Vaux-de-Cernay (t. X des *Mémoires*, 1895).
Une excursion à Port-Royal-des-Champs (*id.*).
Epitaphe de Racine (*id.*).
Racine à Port-Royal et à Chevreuse (*id.*).
Une excursion à Dourdan (*id.*).
Le consul Lebrun (*id.*).
Convocation des Etats généraux à Dourdan (*id.*).
Florian chez le duc de Penthièvre, à Rambouillet (*id.*).
Convocation des Etats généraux à Montfort (*id.*).
Le District de Montfort d'après un almanach du temps (*id.*).
Le curé de Boissy-sans-Avoir (*id.*).
Une victime de la Terreur à Arpajon (*Bulletin de la Société historique de Corbeil*, 1896).
Excursion à Saint-Sulpice-de-Favières (t. XI des *Mémoires*, 1896).
Rapport du conventionnel Couturier à la Convention (*id.*).
Excursion au Plessis-Mornay, Rochefort et Bonnelles (*id.*).
Six victimes de la Terreur (*id.*).
L'Hôtel de la sous-préfecture à Rambouillet, vieilles maisons, l'amiral Besnard, le Christ du tribunal (*id.*).
Une émeute à Saint-Arnoult en 1793 (*id.*).
Mémoire sur la fortune de François Quesnay (*Bulletin des Sciences économiques*, année 1897. — Congrès des Sociétés savantes).
La municipalité cantonale sous le régime de la Constitution de l'an III (*Bulletin des Sciences historiques*. — Congrès des Sociétés savantes, année 1897).
Les pérégrinations d'une statue (*La Nymphe à la Chèvre*. — Réunion de la Société des Beaux-Arts, 1897).
La *Suzanne* de Beauvallet (*id.*, 1897).
Les prisons de Rambouillet sous la Terreur (t. XII des *Mémoires*, 1897).
Gaston d'Orléans, Richelieu et la comtesse de Brionne à Limours, histoire de Limours (*id.*).
Henri Levasseur, adjudant général, maire et sous-préfet de Rambouillet.
Napoléon 1er à Rambouillet, l'invasion (*id.*).
Les Rohan-Rochefort pendant la Révolution (t. XIII des *Mémoires*).
Huit années de l'Histoire municipale de la ville de Rambouillet (1787-1795, *id.*).
Le désarmement des Terroristes à Rambouillet en 1794 (*id.*).
La Société populaire de Rambouillet en 1794 (*id.*).
Le district de Dourdan (1790-1795, *id.*).
Un manuscrit de François Quesnay (*id.*).
La rivière d'Yvette (*id.*).
Excursion au Marais et à Rochefort (1898).
La célébration des décadis à Rambouillet (*id.*).
Pierre Dupuis, peintre de Montfort, et *les Quatre Saisons* de Sauvage (Réunion de la Société des Beaux-Arts, 1898).
La noblesse de François Quesnay (t. XIII des *Mémoires*).
L'abbaye des Vaux-de-Cernay en 1777 (*id.*).
Le duc d'Argenson à Segrez (*id.*).
Iconographie de Quesnay (Réunion des Beaux-Arts, 1900).
Inauguration du monument de Quesnay (t. XIV).
François Quesnay (*id.*).
Francisque Sarcey (*id.*).
Une fête bretonne à Montfort-l'Amaury (*id.*).
Le bicentenaire de Racine (*id.*).
Excursion à Haute-Bruyère, Maurepas, Coignères et au Mesnil-Saint-Denis.
Les peintres Dejuinne et Vasserot. (Réunion des Beaux-Arts, 1899.)
Château de Dampierre (t. XV des *Mémoires*, 1901).
Excursion à Montlhéry et Marcoussis (*id.*).
Troisième pardon à Montfort (*id.*).
Un tableau de Delacroix à Orcemont (*id.*).
Le Bailliage de Montfort-l'Amaury (*id.*).
Jean-Jacques Rousseau à Marcoussis (*id.*).
Les vitraux de saint Yves et de saint Eloi à Montfort (*id.*).
Le *Louis XIII* de Rude (*id.*) (Réunion des Beaux-Arts, 1901).

LA

SOCIÉTÉ ARCHÉOLOGIQUE

DE

RAMBOUILLET

A SENLISSE ET A DAMPIERRE

PAR

F. LORIN

Secrétaire de la Société archéologique de Rambouillet

———

VERSAILLES

IMPRIMERIE AUBERT

6, Avenue de Sceaux, 6

—

1901

Vue panoramique du Château de Dampierre.

SOCIÉTÉ ARCHÉOLOGIQUE DE RAMBOUILLET

A SENLISSE ET A DAMPIERRE

Le dimanche 25 septembre 1900, la Société archéologique de Rambouillet a réuni ses membres dans une excursion comprenant la visite de la carrière des Maréchaux, de l'église de Senlisse et du château de Dampierre.

M. Tartary, directeur des travaux de la ville de Paris, avait été autorisé à mettre à notre disposition le petit chemin de fer qui met en communication la station des Essarts-le-Roi avec la carrière des Maréchaux.

A dix heures du matin, à la gare des Essarts, aimablement accueillis par M. Tartary, qui était venu recevoir ses collègues, montaient dans les wagons de la ville de Paris : M. le comte de Dion, président de la Société; M. Lorin, secrétaire; Mᵐᵉ Gaudeul, Mˡˡᵉ Germaine Gaudeul, M. Gaudeul, receveur des actes civils à Rambouillet; M. Lefebvre, receveur des actes judiciaires; Mˡˡᵉ Marguerite Belèze, M. Coüard, archiviste du département; M. Charpentier, de Paris; Mᶜ Letellier, notaire au Perray; Mᵐᵉ Letellier, etc.

Au signal donné, la machine s'ébranle, les voitures longent pendant quelques centaines de mètres la voie du chemin de fer de Paris à Chartres, s'en éloignent ensuite pour traverser une grande plaine : on devine à droite, dans le feuillage, le château de Lartoire, que Louis XV occupa quelques mois en attendant que Saint-Hubert fût construit; le chemin de fer de la ville de Paris paraît suivre la route qui porte, sur les cartes du xviiie siècle, le nom de route des Cinq-Cents-Arpents ; nous pensons à M. Lelièvre en rencontrant la nouvelle et belle voie qui va des Essarts à Auffargis ; notre collègue a vaincu là de réelles et sérieuses difficultés de terrain. A gauche, nous apercevons des carrières en pleine exploitation, appartenant à des particuliers ; les bois et ferme de Malassis, les Lays, autrefois paroisse, dont M. Coüard nous parla l'an dernier, au Mesnil-Saint-Denis. A droite, on voit Auffargis, où le ruisseau des Vaux-de-Cernay prend sa source ; le bois de Montmort, la butte du Fargis, derrière laquelle coule le ru des Vaux ; puis nous quittons la plaine pour entrer dans le bois des Cinq-Cents-Arpents, qui nous abrite contre les rayons du soleil ; au chêne des Trois-Seigneurs, nous revoyons la plaine pendant quelques instants, un groupe de chasseurs ; enfin, nous disparaissons à toute vitesse dans le bois des Maréchaux, qui, comme le bois des Cinq-Cents-Arpents, appartient à l'Etat et est loué pour la chasse à tir à M. le baron de Rothschild, pour la chasse à courre à Mme la duchesse d'Uzès, et pour l'exploitation de la pierre à la ville de Paris.

Nous voilà arrivés à la carrière du Pont-Vert ; à droite, des parties importantes des Maréchaux, dont l'exploitation est terminée, sont reboisées en pins et en chênes par la ville de Paris ; la vigueur de pousse de ces jeunes plantations fait l'admiration de l'administration des Forêts.

Là, nous laissons la parole à M. Tartary, qui nous donne les explications suivantes, appuyées d'exemples ; car, devant nous, des ouvriers font partir la mine, et d'autres débitent des blocs de grès au coin et au couperet :

La carrière municipale des Maréchaux est située, à 170 mètres d'altitude, aux Vaux-de-Cernay, dans la commune de Senlisse, canton de Chevreuse. Elle a été ouverte en 1879, sur le sol domanial de la forêt des Yvelines. La ville de Paris avait exploité précédemment, de 1855 à 1875, une carrière à Marcoussis, dans le même département.

Formation lacustre. — La carrière des Maréchaux appartient au groupe tertiaire, système miocène, étage de Beauce. On y distingue deux formations :

1° *La formation lacustre de Beauce,* d'une épaisseur variant de 8 à 9 mètres, constituée par le limon des plateaux au-dessous desquels on rencontre la formation siliceuse, argileuse, altérée avec blocs meuliers non continus, irréguliers, caverneux, plus ou moins épais, dans la masse argileuse plastique, grise ou rougeâtre. Les gisements meuliers atteignent parfois l'épaisseur de 4^m,50 à 5 mètres.

Au-dessous du banc meulier, on rencontre les argiles grossières, dépourvues de fossiles et d'une épaisseur variant de 2 à 3 mètres.

2° *La formation marine,* qui commence au-dessous de la formation lacustre de Beauce, comprend :

Une couche de sables quartzeux d'une épaisseur d'environ 60 à 70 mètres, connue sous le nom de *sables de Fontainebleau,* et d'une grande pureté, donnant à la masse l'apparence de la neige.

Grès durs. — A la partie supérieure des sables, on rencontre les bancs de grès siliceux exploités dans toute la région. Le grès est composé de grains quartzeux liés entre eux par un ciment siliceux. Suivant l'abondance d'infiltration de la silice, on distingue les grès cliquarts, de premier et de deuxième choix, et sableux.

Les bancs, grossièrement orientés du nord-ouest au sud-est, sont souvent mamelonnés. L'épaisseur dépasse rarement 6 mètres, en un ou plusieurs bancs superposés et séparés par des couches de sable.

Les joints ou diaclases sont de deux systèmes différents : les joints en long, du couchant au levant; les joints en travers, presque perpendiculaires aux précédents.

Exploitation. — Le plateau a été étudié préalablement au moyen de trous de sonde de 0^m,06 de diamètre et d'un certain nombre de puits forés de 1^m,50 de diamètre, qui ont permis de se rendre compte de la puissance du banc de grès.

Terrassements. — La carrière des Maréchaux comporte en réalité deux carrières accolées, savoir :

A l'ouest, la carrière dite du *Pont-Vert;*

A l'est, la carrière dite du *Grand-Moulin.*

L'exploitation du banc de grès exige le découvert préalable de la masse de terres et de meulières qui recouvrent le gisement.

Ce découvert est assuré en régie par des équipes de terrassiers munies de tout le matériel nécessaire : wagonnets, voies, etc.

Plans inclinés. — Les terres sont élevées par des plans inclinés à 30 p. 100 et rejetées en arrière du front de taille, en vue de reconstituer l'ancien sol.

L'élévation est faite par des treuils alternatifs mus, au Pont-Vert, par une transmission de force télodynamique, et, au Grand-Moulin, par une transmission de force électrique.

Les plans inclinés sont à trois voies, servant la voie du milieu, à la descente des wagonnets, et les voies latérales, à l'ascension.

Ils sont utilisés également au montage du pavé fabriqué.

La cordée est de deux wagonnets.

La vitesse du câble est de 0^m,50 à la seconde.

Transmission de force télodynamique. — Elle est branchée sur un arbre des ateliers contenant la force motrice.

Transmission de force électrique. — L'installation, qui date de 1889, comprend :

Une dynamo génératrice, de Gramme, installée dans les ateliers contenant la force motrice ;

Une dynamo réceptrice, identique à la précédente, installée sur la carrière du Grand-Moulin, à 800 mètres des ateliers.

Perforation mécanique. — Les bancs de grès, une fois découverts par les terrassiers, sont attaqués sur la bande par les perforateurs à air comprimé, qui pratiquent des trous de mine distants de 3 à 5 mètres ; ces trous, bourrés à la poudre comprimée, explosent par série au moyen de l'électricité, ce qui permet de débiter la bande à volonté et d'une façon régulière.

Les perforateurs battent de 400 à 600 coups à la minute ; les fleurets de mine sont en forme de pointe de diamant à trois cornes. Le forage annuel atteint près de 4,000 mètres linéaires.

Division des blocs. — Les blocs de grès abattus en forme sont attaqués une deuxième fois par les perforateurs, jusqu'à réduction en blocs d'un mètre cube et au-dessous.

Ils sont alors débités au coin ou au couperet par le carrier.

Le travail de la division des blocs de grès est confié à des carriers travaillant à la tâche. Chaque unité de travail s'appelle *batterie* et comprend : un carrier pour la division, le dédoublage et la coupe ; un ou plusieurs piqueurs de grès pour la taille des pavés.

Coupe. — Le carrier fabrique des pavés par division ou dédoublage successif des blocs, avec ses couperets.

Taille. — Le piqueur travaille au baquet, avec une manette et des ciseaux.

Triage et marquage. — Les pavés fabriqués sont triés et marqués par une brigade de trieurs. La réception est faite en fin de mois. Le carrier et le piqueur sont payés pour la coupe et pour la taille au millier de pavés.

Dépôt de pavés et meulières. — Les pavés et les meulières livrés sur commandes sont mis en dépôts : les uns, entre les deux carrières ; les autres, sur les remblais, à proximité d'une voie ferrée de $0^m,60$, qui relie la carrière à la gare des Essarts-le-Roi.

Cette voie date de 1884. Le rail est de 9 kil. 500. Le matériel roulant comprend 2 locomotives et 21 wagons porteurs.

Ateliers, forges. — Le matériel de terrassement, de perforation et de la voie ferrée nécessite le fonctionnement d'un atelier de réparations mécaniques confié à un mécanicien assisté de deux aides ; d'autre part, l'outillage des carriers et piqueurs de grès nécessite le fonctionnement de quatre forages pour les affilures des outils de travail.

Force motrice. Alimentation d'eau. — La force motrice nécessaire pour ces diverses installations est fournie par une locomobile mi-fixe de 25 chevaux actionnant :

1° Le compresseur d'air pour les perforateurs ;

2° La transmission électrique pour le terrassement du Grand-Moulin ;

3° La transmission télodynamique pour le terrassement du Pont-Vert ;

4° Les machines-outils des ateliers.

L'eau d'alimentation, amenée dans une mare par un drain de la forêt, est élevée par l'air comprimé dans un château d'eau, d'où elle est distribuée dans les différentes installations.

Réfectoires d'ouvriers. Economat. — Les ouvriers, pendant la saison mauvaise, peuvent se retirer dans des réfectoires approvisionnés d'eau potable et chauffés pendant l'hiver. Un économat ouvrier fonctionne sur la carrière depuis 1889.

Budget. Comptabilité. Production. — La comptabilité comprend :

1° Les carnets auxiliaires des chefs de chantier et chefs d'équipe ;

2° Les carnets du piqueur et du conducteur ;

3° Le sommier du conducteur ;

4° Les feuilles d'attachement ;

5° Les mémoires ;

6° Les matières des magasins ;

7° Les transports par voie ferrée.

La fabrication annuelle a parfois dépassé 850,000 pavés.

Après avoir entendu M. Tartary, visité la carrière du Pont-Vert et les diverses installations que comporte son exploitation, la Société remonte dans le petit chemin de fer de la ville de Paris ; on s'arrête à la hauteur d'une maison de garde, pendant que nos collègues de Montfort-l'Amaury, en voiture, vont rejoindre la route de Crussol, qui fait communiquer les Vaux-de-Cernay avec la plaine des Essarts. On descend par des sentiers escarpés à l'Abbaye ; on se croirait près de Fontainebleau, tant cette partie des Vaux est accidentée, avec ses quartiers de roches, ses pins et ses bruyères.

Les membres de la Société ne font que passer près de l'Abbaye, qu'ils connaissent et qui a fait l'objet d'une étude approfondie de M. Morize ; la belle rosace leur apparaît à travers le lierre ; on se rend à l'hôtel des Cascades, où le déjeuner nous attend, à midi.

Aux Cascades se joignent à la Société M{mc} Tartary, Mlle Marie Potier, M. Monteil, de Milon-la-Chapelle ; Mme Monteil, sa mère et sa fillette ; M. Cabaret, Mme Cabaret, de Dourdan ; Mlles Cabaret, M. le docteur Thibierge, médecin des hôpitaux, et M. Thibierge fils, M. Duvanel, de Briis-sous-Forges ; M. Schleicher et Mme Schleicher, de Forges-les-Bains ; M. Godeau, maire de Saint-Forget ; M. Petit, maire de Senlisse ; M. le docteur Regnard, etc.

Le déjeuner, qui réunit une quarantaine de convives, est cordial, excellent et bien servi. Au moment du champagne, M. Lorin, secrétaire de la Société, prend la parole et s'exprime ainsi :

Mesdames, Messieurs,

Le 28 septembre 1888, la Société archéologique de Rambouillet vous réunissait au château de Dampierre ; deux ans après, le 14 septembre 1890, à la carrière des Maréchaux et aux Vaux-de-

Cernay. Après plus de dix années écoulées, long espace de la vie humaine, la même Société, dont les rangs éclaircis par la mort se sont reformés avec des recrues nouvelles, la même Société, dis-je, pleurant ses amis d'alors qui ne sont plus : M° Leguay, M. le baron de Reiffenberg, M. Aimé Guillo-Lohan, M. Michel et M. Plauzoles, de Montfort, M. Bouland et notre cher Favry, encore hier des nôtres, faisant un riant accueil aux nouveaux venus, vous ramène, toujours éprise d'idéal et de curiosité du passé, vers les mêmes monuments, vers les mêmes souvenirs.

Aujourd'hui, surtout, nous faisons fête à un collègue de la première heure, à M. Régis Tartary, qui joint au culte d'autrefois la connaissance approfondie de tous les progrès de la science et de l'industrie moderne ; avec lui, les démonstrations les plus ardues deviennent claires et précises ; tout à l'heure, il vous montrait son administration, s'appuyant sur des données scientifiques, découvrant le grès, taillant les pavés, les expédiant à Paris, où ils deviennent sous nos pieds des tapis sinon moelleux, du moins très résistants ; dans quelques instants, il vous décrira une église fort modeste du XIIIe siècle, mais intéressante, la petite église de Senlisse, dont, dans notre dernier volume, il nous a retracé l'histoire.

Le nom de Senlisse figure à une époque lointaine de nos annales, dans une charte de Charles le Chauve ; en l'année 862, Charles le Chauve donna la paroisse de Senlisse aux moines de Saint-Denis ; Senlisse était alors couvert de vignes.

Le testament du vieux roi de France, daté de Compiègne, est fort curieux ; Charles le Chauve, dévot à saint Denis et à ses compagnons saint Eleuthère et saint Rustique, et pour le remède de l'âme de Louis, son père, empereur, et de l'impératrice, sa mère, donne à perpétuité à l'église de Saint-Denis la terre de Senlisse pour le revenu en être employé au luminaire, à la réfection des reliquaires et à l'hospitalisation des pauvres ; dans le même testament, il désigne les jours auxquels les religieux de Saint-Denis devront se ressentir, au réfectoire, du don qu'il fait ; ces jours étaient les suivants : le 13 juin, jour de sa naissance ; le 8 juillet, jour de son sacre ; le 15 janvier, jour de sa confirmation comme roi ; le 13 décembre, jour de son mariage ; le 27 septembre, jour de la naissance de sa femme ; il voulait, en outre, que les religieux destinassent dix mesures du vin des vignes de Senlisse à leur sacristie.

Les vignes de Senlisse n'existent plus, mais si vous m'en croyez, à défaut du vin de Senlisse qu'il ne faut pas d'ailleurs regretter, car, d'après l'abbé Lebeuf, ce vin n'était pas excellent, nous toasterons avec du vin des bords de la Loire en souvenir du roi Charles le Chauve, qui voulait que sa mémoire fût fêtée avec de la bonne chère et du bon vin.

Si Senlisse nous fait remonter vers le passé lointain de notre histoire, Dampierre nous rappelle des souvenirs plus récents. Construit entre 1667 et 1683, sur le plan dressé par le grand architecte du xvii° siècle, Mansart, inspiré de Colbert, le château de Dampierre contient des œuvres de toute beauté dont les auteurs appartiennent au siècle qui s'achève : la *Minerve Parthenos* de Simart, le *Louis XIII* de Rude, la *Pénélope endormie* de Cavelier, sont considérés comme des chefs-d'œuvre de la statuaire au xix° siècle ; l'auteur de l'*Apothéose d'Homère*, Ingres, est représenté au château de Dampierre par son *Age d'or*.

La *Minerve* de Simart, qui est la reproduction, d'après l'histoire et les documents recueillis, de la fameuse *Minerve* de Phidias, émerveilla, à l'Exposition de 1855. tous les érudits et tous les lettrés ; les bras de la déesse sont taillés dans d'énormes défenses d'ivoire fossiles, les prunelles de ses yeux sont des pierres d'azurite, et tout ce qui, dans ce travail délicat, n'est pas en ivoire est en argent doré ; la *Pénélope* de Cavelier vous séduira par la noblesse, la pudeur de sa pose et sa langueur charmante ; dans le *Louis XIII* en argent, vous reconnaîtrez une des œuvres maîtresses de Rude ; dans la bibliothèque du château, vous trouverez le souvenir de Marie Leczinska, dont au xviii° siècle la duchesse de Luynes, née Marie Brulart, fut l'amie et la confidente, et, à côté des précieux manuscrits de Jarry, des lettres autographes du grand Colbert, qui maria sa fille Jeanne à un duc de Chevreuse, tout, dans ce château, vous rappellera le souvenir du grand duc de Luynes, qui fut au xix° siècle le fondateur et le bienfaiteur de la Société archéologique de Rambouillet.

Je ne veux pas terminer sans porter un toast aux dames, compagnes aimables de nos réunions ; sans saluer la présence parmi nous de M. Cabaret, conseiller d'arrondissement, de M. Petit, maire de Senlisse, de M. Godeau, maire de Saint-Forget, qui ont bien voulu se réunir à nous ; de M. le comte de Dion, notre cher président, et de M. le docteur Thibierge, qui se rattache par des liens de famille à Dourdan et à Neauphle-le-Château, et dont le Gouvernement vient de récompenser le dévouement à la science, à l'occasion de l'Exposition universelle de 1900, en lui conférant la croix de la Légion d'honneur.

M. Cabaret répond à l'allocution de M. Lorin en remerciant M. le comte de Dion et le secrétaire de la Société archéolo-

Vue du Château de Dampierre prise du Lac.

gique du plaisir qu'ils procurent aux membres de la Société en les réunissant ainsi dans des excursions délicieuses.

Le déjeuner terminé, les membres de la Société remontent en voitures, passent près des Cascades, près de la ferme des Bouillons, ancienne seigneurie, dans laquelle on remarque un escalier de grès dont la voûte est en berceau rampant; on voit, le long de la route, après avoir dépassé Garnes, le château de la Cour Senlisse qui figure dans les gravures de Chastillon de la fin du XVIe siècle ; cette résidence a des vues splendides sur la vallée de Senlisse et jusqu'au château de Dampierre.

Le château de Senlisse fut habité de longues années par le baron de Méneval; aujourd'hui, il est loué à M. Binard, ancien percepteur de Bonnelles.

Nous arrivons à l'église de Senlisse, et M. Tartary continue à être notre guide.

Il ne reste plus trace des vieux vitraux du XIIIe siècle; les vitraux qui les remplacent reproduisent des épisodes de la vie de saint Denis, avec la mort du Christ sur la croix.

Les boiseries qui font le tour de l'église sont du XVIIe siècle ou du XVIIIe siècle.

Le banc d'œuvre est formé d'un panneau Renaissance avec animaux, figures grotesques et ornements du temps de Henri II. Ce panneau a été assemblé avec un fronton du XVIIIe siècle.

La chaire est du XVIIIe siècle également.

A l'extérieur, au-dessus de la porte et dans le fronton formé par l'ogive, on voit une Vierge en bois qui est un beau morceau de la sculpture du XIIIe siècle.

A la chapelle Saint-Jean-Baptiste, une pierre sacrée recouvre tout l'autel.

L'église est consacrée et les marques en sont visibles sur les murs.

L'horloge remonte à 1770 ; l'horloger était de Saint-Hubert; elle marque les phases de la lune d'une façon très régulière.

Nous quittons Senlisse pour nous rendre au château de Dampierre ; au-dessus du chemin que nous suivons et qui tend vers Dampierre par le moulin d'Aulne, en 1895, M. Elie Bordeaux a fait des fouilles intéressantes ; il a découvert, dans des restes de substructions anciennes, des débris de poterie gallo-romaine et huit monnaies romaines.

A trois heures, nous arrivons au château de Dampierre.

A Dampierre, se joignent à l'excursion de la Société archéologique : M. et Mme Husson-Carcenac, Mme Guignaud, Mme Pinto de Aranjo, Mlle Henriette Dubois, M. Garreau, du Mesnil-Saint-Denis, M. Gillot, Mlle Gillot, M. et Mme Merlin, M., Mme et Mlle Collet, Mlle Rey, MM. Gustave et Maurice Goussu.

En attendant leur introduction dans la première cour du château de Dampierre, les membres de la Société archéologique jettent un coup d'œil rapide sur la colline qui fait face à la grille ; sur cette colline a été pratiquée une grande coquille de gazon avec des allées d'ormes sur les côtés ; cet amphithéâtre, au bas duquel est placé un abreuvoir monumental, est d'un bel effet.

Une superbe grille en fer forgé ferme l'entrée de la première cour ; les armoiries dont elle est décorée paraissent rappeler l'alliance avec la famille Colbert, dont les armes étaient d'or à un couleuvre d'azur (1).

L'étymologie du nom de Dampierre a été longuement discutée : d'après les uns, la traduction de ce mot serait la maison de Pierre, c'est-à-dire de saint Pierre, patron de la paroisse ; d'après d'autres, au contraire, il faudrait en chercher le sens dans la signification des deux mots *Damna petra*,

____

(1) Les armes d'Albert sont ainsi décrites :

Albert : de gueules à un T d'or, soutenu d'une main d'argent, sortant d'une manche d'azur, à une fleur de lys au-dessus.

Les armes d'Albert de Luynes sont : un écu écartelé ; aux 1 et 4, d'azur à quatre chaînes d'argent en sautoir, aboutissantes à un anneau d'argent ; aux 2 et 3, d'or au lion de gueules couronné, armé et compassé de même ; et sur le tout de neufchatel qui est d'or, au pal de gueules, chargé de trois chevrons d'argent.

pierre damnée ; d'après ces derniers, il y aurait eu là une
pierre consacrée par les religions primitives et dont la religion chrétienne aurait interdit le culte.

Dans son *Histoire de Chevreuse*, M. Moutié relate les origines de Dampierre et donne les noms de ses anciens propriétaires.

Une famille de La Fontaine posséda Dampierre au
xive siècle et dans la première moitié du xve siècle ; dans la
deuxième moitié du xve siècle apparaît un nouveau nom de
propriétaire, celui de Jacques de Thumery (1).

Entre 1525 et 1528, Dampierre passait des mains des Thumery entre celles de Jean Duval ; Jean Duval était trésorier
de François Ier.

La veuve de Jean Duval, remariée à Jacques Robineau,
secrétaire du Roi, vendait, en 1552, la terre et seigneurie de
Dampierre au cardinal de Lorraine, né en 1525, mort en
1574 ; le cardinal de Lorraine fut un des principaux instigateurs des guerres de religion en France ; quand il acheta
Dampierre, il était archevêque de Reims depuis quatorze
ans et cardinal depuis cinq ans.

En 1357, Dampierre comprenait notamment un manoir
avec cour, jardins, viviers ; le trésorier Jean Duval fit rebâtir
le manoir féodal entre 1526 et 1550 ; le cardinal de Lorraine,
acquéreur de cette nouvelle demeure, abandonna le château
de Chevreuse qu'il habitait pour se reposer à Dampierre,
dans un frais et riant vallon, sillonné par le cours de deux
rivières et ombragé de bois touffus. Le peintre italien Salviati
(1510-1563), dont le musée du Louvre possède quelques
œuvres, exécuta des peintures dans quelques salles du
château, sur la demande du cardinal.

L'archevêque de Reims agrandit et embellit l'œuvre de
Jean Duval, œuvre qui vécut jusqu'après l'année 1667.

Un contemporain, Androuët du Cerceau, nous en a laissé

(1) *Histoire de Chevreuse*, de M. Moutié, 2 vol. (*Mémoires* de la Société
archéologique).

une description un peu sèche, mais nette, et les plans de ce château qui subsista pendant plus d'un siècle.

Nous croyons intéressant de donner la description du célèbre architecte du XVIᵉ siècle :

Ce bâtiment est assis en un vallon, circuit de montagnes et bois taillis, et est le pays d'environs fort couverts. Les prochaines villes sont Chevreuse à une lieüe vers le soleil levant, Montfort-l'Amaury à trois lieües, Dourdan à quatre lieües au soleil de midy, Poissi à six lieües, Villepreu à trois lieües vers le septentrion. La prochaine rivière est Seine à cinq lieües loing. En ce lieu il n'y a point vignes, sinon terres labourables passablement, toutefois une partie inutile et faute d'évaluer. Ce lieu fut premièrement basti par un trésorier et depuis a appartenu à feu M. le cardinal de Lorraine, lequel l'a amplifié de quelques commodités. A voir ce lieu de loing il n'est pas de grand monstre, encor qu'il soit assez bien accomodé de ce qu'est besoin à un bon lieu. Il n'est couvert que de tuiles ; tant y a qu'il est garny de fossés à l'environ et y a un fort beau jardin, une grande basse-court enrichie de ses bastiments nécessaires. Devant le logis y a un grand estang dont la chaussée d'icelui fait le chemin large et beau entre le dit estang et le logis. La court dans le logis principal est petite : toutes fois, avant qu'entrer au dit logis, on trouve une avant-court qui donne quelque contentement. Le bastiment est assez bien accommodé de ses membres ; mais entre autres y a des estuves et baignoires pratiquées tant à une des tours du coing qu'à une petite place prochaine, fort bien accoutrés ; principalement l'étuve est de trois niches avec quelques colonnes, la voûte dessus : d'autant que je l'ai trouvée de bonne grâce, je la vous ai desseignée. Dessous le logis sont les offices bien basties. En ce lieu y a quelques jardins à fruits, avec un parc qui n'est pas de grande étendue, comme vous pouvez voir par la mesure du plan. Le dit sieur cardinal a fait peindre dans la salle et à quelques membres des histoires par maîtres excellents. Le reste connaîtrez assez du lieu par les plans et élévations. Androuët du Cerceau donne à l'appui de sa description, le plan du bâtiment avec son contenu, la face de l'entrée, les étuves, l'élévation de tout le lieu (1).

En 1567, les huguenots s'emparent du château de Dampierre.

(1) Biblioth. nation. — Le château de Jean Duval est reproduit dans *le Canton de Chevreuse*, de M. Morize.

A la mort du cardinal de Lorraine, arrivée le 26 décembre 1574, Dampierre passa à Henri de Lorraine, duc de Guise, dit le Balafré, son neveu et légataire universel.

Catherine de Clèves, sa veuve, y habita ; en 1590, elle mit son château à la disposition de Henri IV, et elle s'y trouvait encore en 1594 ; Dampierre devint successivement la propriété de Charles de Lorraine, duc de Guise, de Claude de Lorraine, son frère, qui fit agrandir le parc.

A la fin de sa carrière, le 15 octobre 1655, Claude céda à la duchesse de Chevreuse, Marie de Rohan, sa femme, veuve en premières noces du cardinal de Luynes, la terre de Dampierre, moyennant 1,030,000 livres, et le 1er mai 1663, Marie de Rohan donnait à Louis-Charles d'Albert, duc de Luynes, son fils, qu'elle avait eu de son premier mariage avec le connétable, le domaine de Dampierre, qui sortit ainsi de la maison de Lorraine.

Le 9 septembre de la même année, le duc de Luynes s'en dessaisissait en faveur de Charles-Honoré, marquis d'Albert, son fils aîné, encore mineur.

Le 3 février 1667, le jeune duc de Chevreuse, propriétaire du château de Dampierre, âgé de vingt ans, épousait Jeanne-Marie-Thérèse, septième enfant de Colbert.

Le château de Duval et du cardinal de Lorraine ne répondait plus au goût du xviiᵉ siècle.

« M. de Chevreuse, dit le duc de Saint-Simon, qui était assez grand, bien fait et d'une figure noble et agréable, n'avait guère de biens. Il en eut d'immenses de la fille aînée et bien-aimée de M. Colbert. Outre la dot et les présents les plus continuels et les plus considérables, il tira de la considération de ce mariage l'érection nouvelle du duché de Chevreuse en duché vérifié en sa faveur. »

Le duc de Chevreuse profita de ses grandes ressources pour édifier un nouveau château à la place de l'ancien, qui avait fait son temps.

La construction du château de Dampierre a été indiquée

par les uns comme ayant commencé en 1667, par les autres en 1680.

Nous n'avons pas de date précise à donner, mais le passage suivant des *Mémoires* de Saint-Simon en dit assez pour qu'on puisse placer le commencement des travaux de reconstruction du château entre 1675 et 1680.

En effet, Colbert mourut en 1683 ; à ce moment, les travaux étaient certainement commencés, mais non encore achevés, car Saint-Simon dit :

« Dampierre, dont le duc de Chevreuse fit un lieu charmant, séduit par le goût et les secours de Colbert, qui lui manqua au milieu de l'entreprise, finit par l'incommoder. »

En s'écartant de la date de 1667, et en se rapprochant de celle de 1680, on est donc plus près de la vérité, d'autant qu'en 1667, l'architecte du château, Jules Mansart, qui termina le palais de Versailles, construisit le dôme de l'Hôtel des Invalides, les châteaux de Dampierre et de Clagny, à qui nous devons la place Vendôme et la place des Victoires, n'aurait eu que vingt et un ans, étant né le 16 avril 1646.

Le duc de Chevreuse, qui chargea Jules Mansart de la construction de Dampierre, fut en relations suivies avec les solitaires de Port-Royal.

Pendant que nous parlons de lui et de Saint-Simon (1), disons, d'après cet auteur, que sa déférence pour son père le ruina pour l'établissement de toutes ses sœurs du second lit dont il répondit et qui ne pouvaient rien prétendre sans cette bonté. Il essuya des banqueroutes des marchands de ses bois ; il avait tous ceux des forêts de Chevreuse et de la forêt de Saint-Léger et d'autres contiguës.

Il imagina de paver un chemin qui déblayait facilement ces bois, mais il ne s'en trouva pas plus avancé quand ce pavé fut achevé. Il se tourna ensuite vers un canal qui pût flotter à bois perdus jusqu'à la Seine.

(1) *Mémoires de Saint-Simon.* Voir la table, au mot : Dampierre.

Bassin en hémicycle devant le Château.

Saint-Simon ajoute : « Le duc de Chevreuse avait fait beaucoup de belles choses à Dampierre; il avait creusé un canal depuis les forêts de Saint-Léger et de Montfort jusqu'à Mantes, avec des frais infinis et des dédommagements immenses aux riverains, pour porter ses bois jusqu'à la Seine, à bois perdus, dans lequel il n'a jamais coulé un muid d'eau; ensuite il fit paver toute la forêt pour en tirer ses bois, sans aucun usage. »

Saint-Simon termine ainsi : « Il se trouva accablé d'affaires et de dettes, et obligé, à la fin, de vendre la forêt de Saint-Léger et d'autres bois, au comte de Toulouse, qui en décupla sa terre de Rambouillet, mais qui firent de Dampierre une maison presque sans dépendances. »

C'est sans doute à cette époque qu'on creusa le canal souterrain qui figure sur les cartes du xviiie siècle, et qui, partant de Maincourt, amène à Dampierre les eaux de l'Yvette.

Dans la première moitié du xviie siècle, le château du cardinal de Lorraine avait eu des jours brillants avec la duchesse de Chevreuse, célèbre par sa beauté, par ses aventures, par ses luttes contre Richelieu et contre Mazarin; mais nous avons vu que, dès 1663, Marie de Rohan se dessaisissait du château de Dampierre en faveur du fils qu'elle avait eu du connétable de Luynes : elle ne connut point le nouveau château que son petit-fils fit construire, car elle passa ses derniers jours dans la solitude et dans le recueillement, après une vie tourmentée, à Gagny, où elle mourut le 12 août 1679. « Ses fautes, dit Victor Cousin (1), marquent un noble cœur et un grand caractère; elle occupe, dans notre histoire, une place éminente au-dessous de Richelieu et de Mazarin. Elle poursuivait un but politique : l'alliance de la France avec l'Espagne. » Son portrait, œuvre de Elle, est au château de Dampierre.

A la fin du xviie siècle, les hôtes du nouveau château, que Mansart venait d'édifier, y menèrent une existence plutôt austère; il suffit de parcourir quelques lettres de Fénelon à

____

(1) *Vie de la duchesse de Chevreuse,* par Victor Cousin.

Charles-Honoré d'Albert, duc de Chevreuse, le gendre de Colbert, pour se rendre compte des sentiments qui animaient le propriétaire de Dampierre à cette époque; la correspondance de Fénelon avec cet homme, qui fut un des personnages les plus distingués et les plus honorables de son temps, porte entièrement sur des objets de piété, sur les cas de conscience les plus délicats.

Il règne une tendre affection et un abandon réciproques dans les lettres que s'écrivent Fénelon et le duc de Chevreuse.

Dans une lettre du 16 mai 1703, datée de Dampierre, le duc de Chevreuse termine ainsi : « Je vous embrasse par avance, mon cher archevêque, de toute l'étendue de mon cœur. »

Le duc de Chevreuse raconte le détail de toutes ses affaires à l'archevêque de Cambrai :

« J'ai essuyé, lui écrit-il, le 2 juin 1703, des longueurs inouïes du conseil de M. le comte de Toulouse (à raison de l'échange de la forêt de Montfort), qui a fait durer quinze mois par des chicanes continuelles l'estimation de Montfort qu'on pouvait régler en six semaines et même en quatre jours (1). »

Il entretient Fénelon de son intention de vendre Dampierre et l'hôtel de Luynes, à cause de l'embarras de ses affaires.

Dans sa réponse de Cambrai du 18 novembre 1706, l'archevêque l'en dissuade : « Votre petit-fils se mariera mieux, lui dit-il en substance (le petit-fils en question est le duc de Luynes, le futur auteur de Mémoires, qui avait alors onze ans), avec un hôtel situé en un beau quartier de Paris, en face de Saint-Thomas-d'Aquin, et avec Dampierre qui est à la porte de Paris et de Versailles. »

Le duc de Chevreuse, correspondant assidu de Mᵐᵉ Guyon, ne s'occupait pas exclusivement de piété; il aimait à raisonner machines et mécanique et ne connaissait pas d'heures quand il en raisonnait: il n'en finissait pas en affaires.

---

(1) *Correspondance* de Fénelon.

Fénelon, qui connaît son faible, lui écrit de Cambrai le 24 février 1707 :

« Toute affaire, quelque soin et quelque habileté qu'on y emploie, n'est pas bien faite quand on ne la finit point ; il faut couper court pour aller à une fin et sacrifier beaucoup pour gagner du temps sur une vie si courte. »

Le gendre de Colbert mourut en 1712. Et le 28 novembre 1712, Fénelon écrit au duc de Chaulnes : « Je ne puis m'accoutumer à la perte irréparable que nous avons faite. Je la ressentirai avec amertume le reste de mes jours. »

La duchesse, fille de Colbert, survécut à son mari jusqu'au 26 juin 1731 : elle avait quatre-vingt-deux ans.

Sous Louis XV, le château de Dampierre prit sa revanche au point de vue mondain. Un historien de haut mérite, Charles-Philippe d'Albert, duc de Luynes, y fit de continuels séjours. En 1732, le duc de Luynes, âgé de trente-sept ans, épousait en secondes noces Marie Brulart, veuve du duc de Charost, qui devint la dame d'honneur et l'amie de Marie Leczinska. Profitant de sa situation à la Cour de Louis XV, il a écrit sur la Cour de ce roi un journal qui va de 1735 à 1758. Les *Mémoires* du duc de Luynes ont été édités de 1860 à 1863 et ont obtenu le plus vif succès ; c'est vraiment dans ces *Mémoires* qu'on peut se rendre compte de ce qu'était la Cour, de ce qu'était l'étiquette.

Marie Leczinska, délaissée par Louis XV, son mari, se rendit fréquemment à Dampierre où elle avait sa chambre ; toutes ses visites sont soigneusement notées par le duc de Luynes.

C'est ainsi qu'en août 1744, au moment où Louis XV est parti pour la guerre de Flandre, la Reine assiste à Dampierre à un spectacle dont le duc de Luynes rend ainsi compte :

Août 1744 (1).

Après le souper, nous priâmes la Reine de vouloir bien venir du côté de l'Astrée. M. le Dauphin l'y suivit ; on avait décoré le

(1) *Mémoires* du duc de Luynes.

mieux qu'il était possible la salle de ce vieux bâtiment qui sert d'orangerie, et on avait imaginé d'y représenter une petite pièce pastorale comique que l'on nomme *Ragonde*, que la Reine ni M. le Dauphin n'avaient jamais vue. — (Comédie burlesque de Néricault-Destouches, musique de Mouret.)

Un peu plus tard, vers 1755, un voyageur, Dezalier d'Argenville, nous fait ainsi la description de l'œuvre de Mansart :

Deux cours séparent le château ; la première séparée par une balustrade de la deuxième qui conduit à gauche dans les potagers et à droite dans les basses-cours.

Celle-ci est bordée de deux ailes de bâtiments détachés du château et soutenues de neuf arcades en galeries découvertes. Elles sont l'ouvrage de J.-H. Mansart.

Le château est flanqué de tours rondes aux angles de ses pavillons et entouré de fossés d'eau vive.

Le toit est en mansarde ; toutes les fenêtres sont entourées d'un bandeau de briques et celles du rez-de-chaussée ont pour appui des balustres de pierre.

L'aile gauche a vue sur une magnifique pièce d'eau de dix-huit arpents, qui fait un coude au bout de laquelle on a pratiqué une île flanquée de quatre petits pavillons en bastions dont deux servent de cabinets de conversation et le quatrième de lieux à l'anglaise.

Celui du milieu qui est le plus grand renferme un salon à pans dans les angles extérieurs duquel quatre vasques forment des nappes tombant dans des petits bassins de plomb. Ces cinq pavillons sont terminés à l'italienne par des balustrades surmontées de vases et de groupes d'enfants. Ils forment un petit palais enchanté où l'on arrive en bateau.

Le long de la pièce d'eau on trouve sur la droite un petit canal pour les truites avec une petite nappe à la tête.

Au-dessus, la montagne est coupée de plusieurs allées vertes et de salles, dont une ronde où aboutissent dix allées.

La face du château du côté opposé a quinze croisées décorées d'un fronton dans le milieu duquel est le buste de M. le duc, entouré d'attributs relatifs aux arts et à la guerre.

Le parterre est à l'anglaise.

Charles-Philippe d'Albert, duc de Luynes, l'historien, mourut en 1758 : l'année précédente, son fils Marie-Charles-Louis avait été nommé gouverneur de Paris (1) ; le fils de ce

(1) Il fut installé à l'Hôtel de Ville de Paris, comme gouverneur, le

dernier fut député aux Etats généraux pour le bailliage de Touraine (1), dans lequel se trouvait Luynes, se réunit, comme membre de la noblesse, à l'Assemblée nationale, le 25 juin 1789, défendit de Besenval dans la séance du 14 octobre, en disant que « lui, qui a servi sous les ordres de cet officier général, pouvait assurer qu'il n'avait jamais vu en lui qu'un citoyen estimable et toujours fidèle à remplir ses devoirs de citoyen et militaire-citoyen »; dans la séance de l'Assemblée nationale du 21 juin 1791, il prend encore la parole pour demander la faveur pour les officiers généraux non employés de prêter le nouveau serment; le duc de Luynes n'émigra point, resta à Dampierre pendant la Révolution et fit partie du Sénat en 1803; il mourut en 1807. Il avait épousé Mlle de Montmorency-Laval, qui fut dame du palais de Marie-Antoinette de 1775 à 1789; très lettrée, elle avait installé au château de Dampierre une imprimerie. Elle fut la grand'mère du duc de Luynes, l'érudit et l'archéologue dont nous allons parler. Elle vécut jusqu'en 1830.

Le député aux Etats généraux avait été inquiété pendant la Révolution, mais il échappa à toute condamnation.

En février 1794 paraissait contre lui un libelle; il y répondait par une réfutation. Le 9 mars, il écrivait aux administrateurs du département (9 mars 1794) (2) :

Paris, 19 ventôse an II.
Biens nationaux, 21 ventôse.

Citoyens administrateurs,

Il a paru, le mois dernier, un Ecrit qui a été distribué à la Convention nationale, dans lequel on s'efforce de jetter des doutes sur la légitimité de certaines possessions du cit. Albert Luynes. Je suis informé qu'on en a fait passer un grand nombre d'exem-

---

31 décembre 1757, avec éclat et magnificence; il y eut tout un cortège, serment au Parlement, délivrance de trente prisonniers. Son père raconte cette installation dans ses *Mémoires*.

(1) *Moniteur universel*. Voir la table.

(2) Archives de Versailles.

plaires dans les lieux où sont assises ces possessions. C'est pour vous prémunir contre les préventions que cet Ecrit pourroit faire naître que je vous envoye, au nom du cit. Albert Luynes, quelques exemplaires de la réponse qu'il y a faite.

Signé : (ILLISIBLE.)

Cit. administrateurs du Directoire du département de Seine-et-Oise, à Versailles.

Cette réfutation est ainsi conçue :

OBSERVATIONS DU C. ALBERT LUYNES (1)

Sur une Dénonciation faite contre lui
au Comité d'Aliénation et Domaines réunis.

« Il vient de paroître un écrit, imprimé à l'Imprimerie Nationale, ayant pour titre : *Mémoire à la Convention Nationale*, au sujet des domaines volés par le plus indigne favori de nos anciens tyrans, présenté et lu au Comité d'aliénation et domaines réunis, etc., et dont il paroît que ce comité a arrêté l'impression.

« Cet écrit n'est qu'une compilation de tout ce qui a été imprimé contre le connétable de Luynes par ses ennemis, avant et depuis sa mort, arrivée en 1621.

« La France étoit alors divisée par des factions ; chaque parti faisoit imprimer contre ses adversaires des diatribes, des anecdotes inventées par la haine et par l'envie de nuire ; les auteurs avoient grand soin, par prudence, de taire leur nom ; les imprimeurs imitoient cette discrétion. Tous ces écrits, dictés par la passion, furent oubliés aussitôt que publiés. Ceux qui restent ont été conservés dans la poussière de quelque bibliothèque, et ne font preuve aujourd'hui que de l'esprit de parti qui les a enfantés.

« Il se présente une première réflexion que la justice des représentans du peuple s'empressera de saisir : c'est qu'une dénonciation, fondée sur des témoignages de l'espèce de ceux qu'on m'oppose, ne mérite pas beaucoup de créance. Le dénonciateur qui agit sur la foi de semblables écrits doit nécessairement errer : c'est ce qui est arrivé à l'auteur de celui auquel je réponds.

« Si ces libelles furtivement imprimés, sur lesquels il appuye sa dénonciation, paroissent être favorables à son système, il est beaucoup d'autres ouvrages solides avec lesquels il seroit facile de

---

(1) Archives de Versailles.

réfuter ses assertions ; mais il faut écarter les uns et les autres et ne s'attacher qu'à des faits certains.

« L'auteur de la dénonciation dit que Louis XIII fit don au connétable de Luynes des biens confisqués sur le maréchal et la maréchale d'Ancre. Quelle preuve a-t-on de ce fait? Je sais que les historiens le rapportent ; mais ils ne disent pas en quoi consistoient ces biens. Le maréchal et la maréchale d'Ancre possédoient sans doute des biens meubles et des biens immeubles. Il y a tout lieu de croire que, s'il a été fait don au connétable de Luynes de quelqu'un de ces biens, ce n'a été que d'une très petite partie.

« D'ailleurs, personne n'ignore qu'anciennement, et suivant les ordonnances qui étoient alors observées comme loix de la France, les biens provenant des confiscations n'étoient unis au domaine de la Couronne qu'après une possession de dix années, et que, jusques-là, les rois avoient droit d'en disposer et en disposoient en effet. L'histoire ne transmet presque aucun jugement de condamnation, sans dire en même tems la disposition que l'on fit des objets confisqués.

« Je n'entrerai point dans le détail de tous les objets dont le dénonciateur prétend que le connétable a augmenté son patrimoine par le don de la confiscation ; il en est dont j'ignorois même jusqu'au nom ; et, à l'égard de ceux qui sont actuellement dans mes mains, je puis prouver que mes aïeux les ont acquis à titre onéreux, ou qu'ils leur sont échus par successions, et que jamais le maréchal d'Ancre n'en a été propriétaire.

« Suivant ce dénonciateur, les terres confisquées sur le maréchal, et qu'il prétend que je possède, consistent dans le marquisat d'Ancre, aujourd'hui Albert, en Picardie ; le duché de Luynes, autrefois Maillé ; la terre de Bressuire, en Poitou ; celle de Châteauduloir, celle de la Bourdaisière, les domaines de Chevreuse, une forêt dans le Poitou.

« Je vais lui démontrer qu'il se trompe d'une manière bien étrange.

« La terre du nom d'Albert, en Picardie, est actuellement, je crois, dans les mains de la nation ; je n'ai absolument aucun renseignement sur son origine ; il est vrai qu'elle a été possédée par un de mes parents ; mais ce que je puis affirmer et suis en état de prouver, c'est qu'il y a au moins un siècle qu'elle n'est plus dans ma famille.

« Le ci-devant comté de Maillé, qui a depuis fait partie du ci-devant duché de Luynes, appartenoit, en 1619, à Marguerite Hurault, veuve d'Arnaud Dangereux de Beaupuy, sur laquelle il avoit été saisi réellement, dès le 7 juillet 1613 (4 ans avant la mort du maréchal d'Ancre), à la requête de Louis de la Châtre, alors maréchal de France, et il a été adjugé, au parlement de Paris, le 3 août 1619, moyennant 135,000 livres, à Honoré Albert, qui en a passé déclaration au connétable. Les autres objets qui composent cette terre ont été acquis et-réunis depuis la mort du connétable; ils n'avoient point appartenu au maréchal d'Ancre.

« Bressuire en Poitou. Cette terre appartenoit en 1550 à un Laval-Montmorency. A cette époque, elle a passé à Philippe Strozzi, colonel-général de l'infanterie française, qui mourut en 1582. Alphonsine Strozzi, sa cousine, en hérita et porta la terre de Bressuire en dot à Scipion de Fiesque. En 1624, elle étoit possédée par Anne Levenewe. En 1675, elle appartenoit à Antoine le Petit de Vernot, sur qui elle a été saisie réellement. Elle a été adjugée, le 19 février 1675, par arrêt du parlement, à Philippe de Courcillon, alors connu sous le nom de Dangeau, que je représente aujourd'hui à droit successif. Ainsi, comme on voit, la possession de mes auteurs ne remonte qu'à 1675, c'est-à-dire à une époque postérieure de 54 ans à la mort du connétable. Cette terre a été aliénée en 1777.

« Châteauduloir. Cette terre a toujours fait partie du domaine de la couronne. Elle a été engagée, le 16 décembre 1579, à Philippe Dangeau. En 1596, elle a été revendue à Nicolas Dangennes. En 1624, elle a été engagée de nouveau par le gouvernement à Anne de Montafflé, qui en a joui jusqu'en 1644 qu'elle est décédée. Marie de Bourbon, sa fille, femme de Thomas de Savoye-Carignan, lui a succédé. Le 27 juillet 1701, Emmanuel-Philibert-Amédée de Savoye a vendu cette terre à Philippe de Courcillon-Dangennes, que je représente. Ainsi la possession de mes auteurs ne remonte qu'à 1701. D'ailleurs, Châteauduloir est, en ce moment, dans les mains de la nation, comme domaine engagé.

« La Bourdaisière, échangée contre Cinq-Mars, n'a jamais été possédée par le connétable; elle a été recueillie par mon aïeul dans la succession de la ci-devant princesse de Rohan, dont il était héritier (1).

(1) La ci-devant princesse de Rohan étoit propriétaire de cette terre par l'événement du partage des biens de la succession de Philippe de Courcillon-Dangeau, son aïeul paternel, passé devant Dejean, notaire à Paris, et son confrère, le 12 janvier 1729, lequel l'avoit acquise, par contrat du 24 mai 1683, passé devant Bechet, notaire à Paris, de Madelaine Ribaud, veuve de Georges Pelissary, qui l'avoit aussi acquise, par adjudication, sur deux décrets faits aux requêtes du Palais, les 16 juin 1674 et 5 septembre 1676. Ainsi la possession de mes auteurs ne remonte qu'à 1683.

« Chevreuse. Cette terre a été érigée en duché en 1555, en faveur de Charles de Lorraine, cardinal, qui la céda à Claude de Lorraine-Joinville, le 12 avril 1606. Celui-ci la vendit le 15 octobre 1655, à Marie de Rohan qui en fit donation à Louis-Charles-Albert, son fils, le premier mai 1663. Cette terre n'a jamais appartenu au maréchal d'Ancre, et n'a point été confisquée sur lui.

« Je ne connois point la prétendue forêt du Poitou; mais si elle existe, il en est probablement d'elle comme des terres dont je viens de parler.

« Ainsi Luynes, Bressuire, Châteauduloir, la Bourdaisière, Chevreuse ne sont point venues dans ma famille par l'effet de la confiscation des biens du maréchal d'Ancre. L'auteur de la dénonciation étoit donc mal instruit, en avançant que ces terres faisoient partie de cette confiscation.

« Quant aux prétendus trésors de Conchini (1), à ce qu'on appelle le dépôt de la citadelle d'Amiens, et à tous les avantages que l'on dit en être résultés pour ma famille, ce sont des choses merveilleuses, sans doute; mais il leur manque d'être appuyées sur la réalité.

« Ce qui n'est pas moins merveilleux, c'est le calcul de 113,700,000 livres qui termine cette dénonciation. Il sembleroit que de cette fortune énorme du connétable, il auroit dû en parvenir quelque portion à ses descendans. Cependant, si l'on en excepte le peu de domaines qui composoient le ci-devant comté de Maillé, acquis par le connétable, il n'en existe pas cinq sols. Tout ce que je possède est entré dans ma famille par d'autres successions; et la majeure partie de mon bien provient de Marie d'Orléans, qui en avoit fait don en 1694 à Louis-Henri de Bourbon, lequel a laissé deux filles, dont une est morte sans postérité, l'autre a épousé mon aïeul.

« L'auteur de la dénonciation a-t-il cru sérieusement que, sur la foi de libelles qui n'ont jamais eu la moindre autenticité, on pouvoit, après 180 ans au moins, après cinq générations, rechercher la famille d'un homme qui a occupé des places pour compter avec elle du produit prétendu des faveurs dont son aïeul a pu être l'objet? Si de pareilles rêveries trouvoient des partisans; si, sur de pareilles autorités, on pouvoit dépouiller les familles de leurs biens, la propriété seroit véritablement un problème.

« Je n'ai possédé aucune autre propriété domaniale que Châteauduloir. Bonneuil, Lawarde-Mauger et Beauquesne, dont je jouissois à titre d'engagement, et dont j'ai fait déclaration et

______

(1) Le maréchal d'Ancre.

déposé les titres dès le 4 novembre 1791. Si je jouis de quelque autre, qu'on me l'indique, et l'abandon que j'en ferai à l'instant prouvera combien je suis éloigné de vouloir conserver la moindre propriété de l'Etat.

« J'en ai assez dit pour faire voir que, si le comité ne doit pas négliger les dénonciations, il seroit imprudent de croire sur parole les dénonciateurs.

« L'auteur de cette dénonciation paroît craindre que je ne réalise le projet que j'avois de vendre une partie de ma terre de Luynes; mais qu'il se tranquillise : je prends l'engagement de n'en pas vendre un arpent, avant d'avoir prouvé qu'elle m'appartient légitimement. Je vais mettre en ordre les différens titres qui établissent ma propriété des terres que je possède; et si le comité juge à propos d'en prendre connaissance, avant d'accorder aucune confiance aux dénonciations, je m'empresserai de les mettre sous ses yeux.

« Le dénonciateur, qui me suppose 500,000 livres de rente, n'a pas calculé avec moi, et n'est sûrement pas l'agent de mes créanciers; il auroit pu facilement, s'il l'eût voulu, se convaincre de l'erreur extrême dans laquelle il est. Il auroit pu se convaincre que les ventes que je me propose de faire sont nécessitées par le besoin de mes affaires.

« Je ne lui supposerai point le projet d'agir uniquement dans l'intention de jetter du discrédit dans mes affaires. j'aime mieux me persuader qu'emporté par son zèle, il erre sur la foi d'autrui; mais quand il aura été à même de connoître son erreur, je me plais à croire qu'il me rendra assez de justice pour être convaincu que je suis incapable de conserver la moindre chose qui ne m'appartiendroit pas légitimement.

« Albert-Luynes.

« Paris, le 24 pluviôse an II de la République française une et indivisible (12 février 1794) (1). »

A Paris, de l'Imprimerie de Guérin, rue des Bouchères-Saint-Honoré.

En mai 1814, au moment de l'invasion, le propriétaire du château de Dampierre était Paul-André-Charles duc de Chevreuse, qui fut pair de France sous la Restauration; dans une lettre au sous-préfet de Rambouillet, il défend vivement

---

(1) Nous n'avons trouvé nulle part aucune trace de l'arrestation du duc de Luynes; néanmoins, dans la famille, on a toujours dit qu'il avait été sur le point d'être guillotiné.

les intérêts du canton de Chevreuse, qui est épuisé par les troupes françaises ou alliées (1).

L'œuvre de Jules Mansart resta absolument intacte jusqu'en 1840.

A cette époque, un des grands architectes du xixᵉ siècle, Duban, qui allait bientôt restaurer le château de Blois, reconstituer au Louvre le Grand Salon et la salle des Sept-Cheminées, et était déjà connu par des travaux remarquables, fut chargé de restaurer le château de Dampierre, dont il devait respecter l'ordonnance générale, ce qu'il fit avec autant de science que de goût.

Honoré-Théodoric-Paul-Joseph d'Albert, duc de Luynes, qui confia à Duban la restauration du château de Dampierre, fut une des plus belles figures du xixᵉ siècle; à coup sûr, dans ce siècle, il a été la personnalité la plus haute de l'arrondissement de Rambouillet. Né à Paris le 15 décembre 1802, rue Saint-Dominique, dans le grand et vieil hôtel qui regardait la façade de Saint-Thomas-d'Aquin et que l'on démolit aujourd'hui (2), le duc de Luynes mourut à Rome, le 15 décembre 1867, le jour même de l'anniversaire de sa naissance.

LE DUC DE LUYNES

La vie du duc de Luynes est de celles qui peuvent être proposées en exemple.

Un de ses biographes l'a ainsi dépeint (3) :

Levé habituellement de très grand matin, il allumait lui-

(1) *Mémoires* de la Société archéologique. *Levasseur*, par M. Lorin.

(2) Les *Affiches parisiennes* de janvier 1901 signalent la vente de cet hôtel, situé 201, boulevard Saint-Germain, par la marquise de Tholozan à M. Bourget (acte devant Agnellet, du 26 décembre 1900). Cet hôtel est aujourd'hui démoli. Quelques œuvres d'art en dépendant ont été données à l'Hôtel Carnavalet.

(3) Les renseignements qui suivent sont empruntés à la notice de M. Huilard-Bréholles.

même sa lampe et son feu, et donnait les premières heures de
sa journée à sa correspondance et à ses affaires. Le milieu du
jour était consacré aux travaux d'érudition et aux essais de
laboratoire. Le soir, dans les veillées, il aimait à relire en famille les grands écrivains du xviie siècle, Corneille et Molière
surtout..... Il se promenait peu, chassait à pied et sans ardeur,
quoiqu'il fût tireur excellent, et il cessa de bonne heure
l'exercice du cheval de peur de l'embonpoint. Il avait adopté
un régime d'une extrême sobriété; assis à une table abon-
damment servie, il ne touchait qu'à un ou deux mets, pré-
férait les légumes aux viandes, ajoutait beaucoup d'eau à du
vin blanc léger et s'impatientait toujours de la longueur des
repas, comme les travailleurs. Il finit même par s'abstenir
tout à fait de chair et de poisson. Le cigare était la seule frian-
dise qu'il se permît..... Nulle recherche dans ses habits ni
dans les meubles et les voitures qui étaient à son usage personnel. Sa chambre à coucher, avec un lit sans rideaux, avait
presque l'austérité d'une cellule.

Sa timidité remontait au temps de son enfance où la duchesse de Chevreuse, sa mère, le tenait pour ainsi dire caché
sous le prétexte qu'il avait les cheveux roux. Tout jeune, il
fuyait le monde, et quand il fut obligé d'y paraître, il lui fallait faire un grand effort sur lui-même pour se mettre au ton
d'une conversation légère et brillante..... Il était prompt à
juger et revenait difficilement d'une première impression dé-
favorable. En revanche, sa confiance, une fois donnée, était
très solide..... Il connaissait à fond le grand art d'obliger et,
dans ses rapports avec les savants, s'il offrait son appui,
c'était sous une forme délicate qui rehaussait le prix du service..... Dans les choses de l'esprit, il ne donnait presque rien
au premier mouvement. Il prenait les avis, pesait les argu-
ments, hésitait à se décider jusqu'à ce qu'il se fût prouvé, par
un long travail, l'exactitude de la démonstration et de son caractère..... S'il entendait conter quelque anecdote comique,
quelque plaisanterie, même assaisonnée d'un peu de sel gau-

Façade du Château sur le Parc.

lois, il se renversait dans son fauteuil; ses yeux d'un bleu vif, bordés de cils blonds, se fermaient à demi; sa bouche, qu'il avait grande et garnie de belles dents, s'ouvrait pour donner passage à un rire joyeux, signe de l'aménité de son caractère et de la sérénité de son âme.

Sa conversation prenait toujours la pente d'un enseignement pratique appuyé sur des exemples bien choisis.

Il méditait beaucoup les pensées des anciens, et dans des papiers qui n'ont pas été publiés, il inscrivait ses réflexions sur les belles pensées empruntées aux principaux philosophes de l'antiquité et des temps modernes.

Ces réflexions seraient intéressantes à connaître. N'ayant pas toujours sujet d'estimer les hommes, il se sentait tenu de les aimer, et, dans la situation particulière que lui faisait sa grande fortune, il s'était tracé à son usage privé des règles de conduite consignées sur un livret connu de lui seul et dont le titre énigmatique : D. D. R., signifiait : Devoirs des riches.

Sa vie connut les grandes tristesses. Marié à vingt ans, il perdait, en 1824, sa première femme, qui lui laissait un fils; la même année mourait son frère puîné Pol de Chevreuse, pour lequel il avait une vive affection; le duc de Luynes se remariait, en 1846, avec Mme de Contades, mais, le 9 janvier 1854, son fils unique succombait aux suites d'une chute terrible, et sa seconde femme, dont la perte le laissa inconsolable, mourait en 1861 : le portrait de la seconde duchesse de Luynes, par Léon Cogniet, figure au château de Dampierre.

Après avoir achevé ses études classiques, voyagé, étudié non seulement les langues d'Europe, mais encore les langues d'Orient, le duc de Luynes était nommé, dès 1825, directeur adjoint du musée Charles X au Louvre; de 1825 à 1828, il retournait en Italie compléter son éducation artistique; ce voyage en Italie était suivi d'un voyage en Grèce en compagnie de l'architecte Debacq; en 1830, le duc de Luynes était nommé membre de l'Académie des Inscriptions et des Belles-Lettres.

Son père se tint à l'écart des honneurs sous le gouvernement de Juillet, renonça à la pairie, et à la mort du duc de Chevreuse, en 1839, le duc de Luynes ne voulut pas prêter le serment de pair de France.

En 1836, le duc de Luynes fut élu membre du Conseil général de Seine-et-Oise ; il fit partie de cette assemblée, où il s'occupa plus spécialement des questions de viabilité jusqu'au coup d'Etat de 1851 ; c'est à lui que le canton de Chevreuse doit la création des écoles de Dampierre, Senlisse, Lévy-Saint-Nom, l'érection du grand hospice de Chevreuse, les ouvertures et rectifications de la côte de Dampierre, des routes de Senlisse à la Barre, de l'étang du Moulin-aux-Pucelles, de Maincourt aux Essarts-le-Roi, etc.

Après la Révolution de Février, le duc de Luynes fut nommé député de l'Assemblée nationale pour le département de Seine-et-Oise par plus de 60,000 voix, et réélu à la Législative par un nombre de voix à peu près égal.

« Monarchiste par tradition, mais libéral par principes et dégagé de toute préoccupation autoritaire ou dogmatique, il comprenait la politique comme la science du gouvernement par l'honnêteté sans arrière-pensée d'influence ou d'ambition personnelle ; de même qu'il pratiquait la morale comme la science du devoir social par la justice, sans attendre ou désirer d'autre récompense que l'approbation intérieure. »

Quoiqu'il votât habituellement avec la droite, il se sépara d'elle dans des circonstances importantes.

Le 23 juillet 1848, les femmes du faubourg Saint-Antoine lui remirent une médaille d'argent portant cette inscription :

A M. d'Albert de Luynes, représentant du peuple,
Les femmes du faubourg Saint-Antoine reconnaissantes.
Vingt familles sauvées.
Du travail assuré à douze cents femmes.

Le coup d'Etat du 2 Décembre termina la carrière politique du duc de Luynes ; il fut arrêté alors et détenu deux jours au fort du Mont-Valérien.

En rentrant dans la vie privée, le duc de Luynes donna sa démission de toutes ses fonctions honorifiques.

Le châtelain de Dampierre vint à plusieurs reprises, après le coup d'Etat, en aide à ses collègues de la gauche républicaine exilés, notamment au révolutionnaire Charles Lagrange.

En 1864, il offrit au comte de Chambord une somme considérable, que le prince exilé accepta; le duc de Luynes se considérait comme simplement dépositaire des biens que le connétable de Luynes avait reçus de Louis XIII.

Mais si le duc de Luynes rendit des services à son pays comme homme politique, il est, à juste titre, beaucoup plus connu à raison de l'étendue et de la variété de ses connaissances dans le domaine des sciences physiques et des sciences historiques.

Dès 1833, il publiait, en collaboration avec le docteur Bouchardat, un mémoire sur la Panification de la fécule et de la pomme de terre, mais cet essai n'obtint aucun résultat. Il s'occupa alors de l'étude des combinaisons des métaux et publia ses observations sur un minerai de cobalt et de manganèse trouvé à Orsay, un mémoire sur la Fabrication de l'acier fondu et damassé. Il fabriqua lui-même, joignant l'exemple au précepte, des armes qui supportaient la comparaison avec les cimeterres de Damas. Il livra son secret libéralement à l'industrie privée, notamment aux fabricants d'instruments de chirurgie.

Le duc de Luynes chercha à extraire de nos plantes indigènes la matière colorante qu'elles contiennent, afin de rivaliser, s'il était possible, avec l'indigo exotique; mais ses efforts ne furent point couronnés de succès, non plus que ceux qu'il tenta en recherchant la composition de l'enduit noir qui recouvre les vases étrusques; il répéta presque toutes les expériences indiquées dans le Traité de chimie de Berthier; toutes ses expériences étaient consignées sur des registres, et un chimiste, qui a compulsé ces registres, a déclaré que la publication de ces expériences pouvait mettre sur la voie d'intéressantes découvertes.

Quand nous serons arrivés à la visite du château, nous parlerons du musée d'histoire naturelle qu'il créa à Dampierre.

Président d'un jury international à l'Exposition universelle de Londres de 1851, le duc de Luynes publia un rapport très important sur l'industrie des métaux précieux; puis le goût de la photographie s'empara de lui. Ce qui le préoccupait surtout, c'était de populariser la photographie; pour stimuler le zèle des chimistes, il institua un prix de 8,000 francs, qui devait être décerné par la Société française de photographie. Le programme du concours était lu en juillet 1856 et le concours devait être clos le 1er juillet 1859; à ce prix de 8,000 fr. il ajoutait un prix de 2,000 francs destiné à la découverte de nouveaux procédés. Le concours pour le prix de 8,000 francs fut prorogé une première fois jusqu'en 1864 et enfin jusqu'en 1867, époque à laquelle le prix fut attribué à M. Poitevin. C'est au duc de Luynes que sont dus les progrès faits de 1855 à 1867 dans la gravure et la lithographie.

De bonne heure, le duc de Luynes s'était occupé d'érudition et spécialement d'histoire. En 1839, il donnait un commentaire d'une Histoire de l'Italie méridionale au xiiie siècle, qui fut suivie de l'Histoire diplomatique de Frédéric II; à cette occasion, il fit dessiner par Charles Garnier, en Italie, les tombeaux des rois angevins; en 1841 avait paru, sous ses auspices, la traduction de la grande Chronique de Mathieu Pàris.

Cinq ans auparavant, en 1836, il avait aidé à la fondation de la Société archéologique de Rambouillet.

« Cette société, dit un de ses biographes, avait pour mission, dans sa pensée, de produire des travaux propres à bien faire connaître un pays où abondent les souvenirs historiques, où naquirent les Montfort et les Lévis, où s'élevèrent les monastères des Vaux-de-Cernay et de Port-Royal-des-Champs; on vit alors paraître cette série de beaux cartulaires : Notre-Dame-des-Moulineaux (ou le Petit-Poigny, prieuré de l'ordre de Grandmont supprimé vers la fin du XVIᵉ siècle), Notre-Dame-des-Vaux-de-Cernay, Notre-Dame-de-la-Roche, publications auxquelles M. Moutié, ancien président de la Société archéologique, et M. Lucien Merlet, archiviste du département d'Eure-et-Loir, ont attaché leurs noms et qui devaient être suivies et couronnées par le cartulaire même de Port-Royal (que prépare M. le comte de Dion). M. Moutié surtout, qui était l'homme du pays, l'investigateur infatigable des antiquités de l'arrondissement, usant ses yeux sur les vieux parchemins, risquant même sa vie au sommet d'une longue et fragile échelle pour mesurer un chapiteau ou pour déchiffrer une date, M. Moutié avait, en ce qui concernait les études locales, la confiance et l'estime du duc de Luynes. Celui-ci avait confié au respectable et modeste antiquaire la rédaction d'une Histoire des sires de Chevreuse, dont il avait rassemblé avec soin et copié presque entièrement de sa main les pièces justificatives. Il tenait beaucoup à cet ouvrage, qui lui semblait rattacher au moins par un lien nominal (nominal, parce que le duché de Chevreuse était entré par donation dans la famille de Luynes et qu'il était sorti de cette famille au moyen de l'échange autorisé par les arrêts du Conseil d'Etat des 28 août et 22 septembre 1691 qui ordonnèrent qu'il serait fait, au nom du roi Louis XIV et à son profit, acquisition des ville et château de Chevreuse, et qu'en contre-échange il serait délaissé au duc de Chevreuse les ville, domaine et comté de Montfort) sa propre famille à celle des anciens chevaliers qui furent les conseillers, les ambassadeurs, les porte-oriflammes de nos rois capétiens. Vingt-cinq dessins, destinés à accompagner le texte et exécutés par M. Sauvageot, devaient former un atlas. »

Cet ouvrage a été publié par la Société archéologique de Rambouillet.

Ces travaux d'histoire locale, dont les détails apportent à l'ensemble des faits tant de lumières, étaient de ceux que

M. de Luynes se plaisait le plus à protéger, parce qu'il y pouvait prendre une part active et personnelle.

Le duc de Luynes encouragea aussi de ses deniers la publication de l'Inventaire complet des layettes du trésor des Chartes, accorda une subvention au sénateur italien Amari pour son Histoire de Sicile ; le duc fit graver à ses frais, en 1859, la carte comparée de la Sicile moderne avec la Sicile au XIIe siècle ; il aida également le comte Passerini dans sa publication de l'Histoire de la famille florentine des Albertis, à laquelle se rattachaient probablement les Albert du comtat d'Avignon, tige de la maison de Luynes.

Le duc de Luynes compléta la bibliothèque de sa grand'-mère, que nous allons parcourir tout à l'heure et dont nous reparlerons.

Dès sa jeunesse, le duc de Luynes s'était intéressé aux médailles et aux vases peints ; en 1829, c'est-à-dire à vingt-sept ans, il écrivait dans les *Annales de l'Institut de correspondance archéologique* qui se publiaient à Rome et traitaient des découvertes de monuments antiques : jusqu'en 1861, les points les plus délicats de la numismatique sollicitèrent ses méditations ; cette même année 1829, le duc de Luynes donnait notamment deux savantes dissertations, les Ruines de Velia et la Restitution du bas-relief du Louvre relatif à la naissance d'Erichthonius, roi d'Athènes ; en 1830, il étudiait le dématérion, monnaie d'or syracusaine, et les médailles de Tarente relatives à l'Apollon Hyacinthien ; en 1832, il rédigeait un mémoire sur la Poterie antique ; en 1833 paraissaient ses recherches sur la ville de Pandosia, sur les vases sans fond et sur Métaponte, où il avait exécuté des fouilles dans ses voyages en Grèce de 1825 et de 1828 ; en 1835, voyaient le jour ses études numismatiques sur quelques types relatifs au culte d'Hécate à Syracuse ; quelques années après, le duc de Luynes fonda un organe à Paris où il inséra sa dissertation sur les monnaies incuses (pièces dont l'une des faces est en creux) de la Grande-Grèce ; à la *Revue de numis-*

Les Douves du Château, côté Nord.

matique, il écrivit en 1838 sa Médaille inédite de Germanicus, et en 1859, son Nummus de Servius Tullius ; vers 1840, le duc de Luynes avait fait connaître, dans une publication qui était accompagnée de quarante-cinq planches, les vases peints étrusques, italiotes, siciliens et grecs qui faisaient partie de sa collection.

Ne s'en tenant pas aux antiquités grecque et romaine, le duc de Luynes, voulant pénétrer les antiquités orientales, s'était mis à l'étude des langues arabe et hébraïque ; comme suite à ces études de langue, on imprimait de lui, en 1846, l'Essai sur la numismatique des satrapies et de la Phénicie sous les rois Achéménides, puis l'Explication de quelques médailles de Pharnabaze et de Syphax ; en 1852, il déchiffrait des inscriptions cypriotes ; en 1855 était découvert à Beyrouth le sarcophage d'un roi de Sidon ; le duc de Luynes fit l'acquisition pour le musée du Louvre de ce magnifique cercueil en basalte noir qui a 2^m,45 de long et 1^m,40 de large. « La tête sculptée sur le couvercle, dit une des descriptions, avec sa large coiffure, sa barbe droite et nattée, reste seule à découvert ; sur la poitrine retombe un riche collier en relief, terminé à ses deux extrémités par une tête d'épervier sacré, tel qu'on en voit souvent au cou des momies. »

Il fallut dix paires de bœufs pour conduire cet énorme sarcophage de Sayda à la mer, où il fut déposé à bord de la *Sérieuse*, au milieu d'une population immense.

Ce sarcophage porte une inscription de vingt-deux lignes dont, en 1856, le duc de Luynes donna la traduction ; les paroles qui sont mises dans la bouche du roi des Sidoniens témoignent du respect des peuples de l'antiquité pour la mort :

Au milieu de mes festins et de mes vins parfumés, dit l'inscription, je suis enlevé de l'assemblée des hommes pour prononcer une lamentation et mourir et rester couché dans ce cercueil, dans le lieu de sépulture que j'ai construit. Par cette lamentation, j'adjure toute race royale et tout homme.... Car toute race royale

et tout homme qui ouvrira le monument de ce lit funéraire, soit
qu'ils enlèvent le couvercle de ce cercueil, soit qu'ils construisent
sur le monument qui le recouvre, puissent-ils ne pas avoir de lit
funèbre réservé pour eux chez les ombres ! qu'ils soient privés de
sépulture et qu'ils ne laissent après eux ni fils, ni postérité. Que
les grands dieux les tiennent sequestrés dans les enfers !

. Le duc de Luynes établit que ce monument avait été élevé
vers l'an 575 avant notre ère.

Notre savant concitoyen ne pouvant porter ses recherches
dans toutes les directions, contribuait de sa bourse aux
recherches que d'autres voulaient bien poursuivre : c'est
ainsi qu'il mit à la disposition du célèbre égyptologue Mariette
une somme assez forte pour faire des fouilles autour du grand
sphinx ; à la mort de Lajard, en 1858, il donna les fonds
nécessaires pour la publication des travaux que ce savant
avait préparés sur l'ancien culte des Perses.

La question des silex taillés de main d'homme ayant préoccupé le duc de Luynes, il aida toutes les recherches con-
duites dans ce sens. « Celles qui furent exécutées par ses
ordres, à la Butte-Ronde, auprès de Dampierre, dit un de ses
biographes, produisirent des résultats intéressants. On acquit
la certitude qu'un poste romain destiné à surveiller la vallée
de l'Yvette avait subsisté en ce lieu écarté depuis le règne de
Caligula (né l'an 13 de notre ère et mort en l'an 41) jusqu'aux
derniers temps de l'empire romain, et on y rencontra, asso-
ciés à des verres, à des poteries de grès, à des terres cuites.
à des instruments de fer et de bronze, débris évidents de
l'industrie gallo-romaine, des silex taillés et un fragment de
grès arrondi qui a dû servir de meule à repasser ou de polis-
soir. Comme le mamelon sur lequel ces différents objets ont
été trouvés est isolé de tous les côtés, il faut admettre ou que
ces silex étaient là avant l'établissement des Romains, ou
qu'à l'époque de leur complète domination, on s'y servait
encore d'instruments et d'armes en pierre. »

En même temps qu'il faisait fouiller la Butte-Ronde, le

duc de Luynes retrouvait dans sa propriété de Valbonne, près d'Yères, des ossements humains appartenant à la race brachycéphale.

Le duc de Luynes encouragea l'abbé Cochet, qui recherchait les traces laissées sur notre sol par les envahisseurs germaniques, et lui dédia son livre sur le tombeau de Chilpéric Ier; il aida de même l'archéologue Dusevel pour ses travaux sur le département de la Somme, Frédéric Godefroy pour son Dictionnaire de la langue du moyen âge. Ses prévenances envers les philologues lui valurent une dédicace des fils Boissonade qui lui firent l'hommage de la traduction des *Odes* de Pindare en souvenir de leur père, avec cette épigraphe :

Bien puissante est la richesse, lorsqu'un mortel, sachant l'unir par un don du sort à une pure vertu, la mène à sa suite, elle et ses amis qui lui font cortège.

C'est en 1862 que le duc de Luynes, non content d'avoir rassemblé une admirable collection de médailles, voulut en faire don à la Bibliothèque impériale. Le 28 juillet 1862, il s'en ouvrit à M. Chabouillet, conservateur du Cabinet des médailles antiques à la Bibliothèque, à laquelle le duc avait déjà donné, en 1843, une coupe d'argent doré; en 1845, un rare demi-statère d'or d'Athènes; en 1858, un aureus de Julie, fille de Titus.

Dans l'entrevue que le duc de Luynes eut avec le conservateur du Cabinet des médailles, il s'exprima ainsi :

Je n'ai pas ouvert mon médaillier depuis la mort de ma seconde femme. Je n'ai plus de goût à rien pour moi-même, mais j'aime toujours mon pays. Je désire que mes collections lui soient acquises et qu'elles puissent dès maintenant servir à tous. Si, plus tard, le goût de ces choses-là vient à mes petits-enfants, eh bien ! ils feront comme moi. Je suis heureux de penser que je vais aider le cabinet de France à se maintenir au premier rang qu'il a si longtemps occupé en Europe et que l'or anglais s'efforce de lui enlever. Je m'abuse peut-être, mais il me semble que ce supplément lui donnera de l'avance dans cette lutte. Je veux donc non seulement lui faire don de mes médailles, mais aussi de ma collection d'antiques et de pierres gravées, conformément au titre officiel que porte cette belle création du roi Louis XIV. Votre établissement est unique au monde, surtout par le choix de ses statuettes de bronze et de ses camées ; j'aime à me persuader que ce que j'y ajouterai, si l'on veut bien accepter mon offre, en augmentera encore la valeur.

Le duc ajoutait :

Si le don que je fais est agréé, je demande pour seule condition que l'Etat ne mette à ma charge ni les frais d'actes, ni les droits de mutation.

S'il mettait cette condition, c'était qu'il trouvait ridicule qu'un donateur fût obligé de payer à l'Etat pour un don gratuitement et spontanément fait à l'Etat lui-même.

Le duc exprimait que sa collection fût placée dans un local séparé et portât le nom de « collection de Luynes ».

Le chiffre des estimations partielles ne monta qu'à la somme de 1,224,904 francs, mais ce total est loin de représenter la valeur de l'ensemble.

Jamais don pareil n'avait été fait, en France, à une collection publique ; la collection comprenait 6,893 médailles antiques, celtibériennes, gauloises, grecques et phéniciennes, un trésor de monnaies romaines ; 373 pierres gravées, camées, cylindres ; 39 statuettes de bronze, grecques, romaines, étrusques ; 188 bijoux d'or ; 43 armures et armes antiques ; 85 vases peints, de travail grec et étrusque.

Le 30 novembre 1862 parut le décret qui autorisait l'Etat à recevoir ce don ; le 11 octobre 1865, le duc de Luynes visita sa collection installée et fut très satisfait des dispositions de l'aménagement.

En 1864 se place le fameux voyage que fit en Egypte le duc de Luynes.

« De tout temps, dit Huillard-Bréholles, mais surtout de nos jours, les pays qui furent le berceau de nos traditions religieuses ont exercé une action puissante sur l'imagination des hommes, et l'on a voulu aller étudier sur les lieux mêmes le premier développement de ces croyances, qui sont devenues comme le fonds commun des civilisations modernes. Le duc de Luynes, en particulier, devait céder à cet attrait mystérieux qui s'attache aux origines historiques. »

Accompagné de M. Vignes, lieutenant de vaisseau, de M. Lartet, aide-naturaliste, de M. Combe, docteur en médecine, il se proposait d'explorer la mer Morte, les montagnes qui l'entourent et le désert de l'Arabah, d'étudier l'hydrographie du bassin de cette mer, de reconnaître si elle a jamais communiqué avec la mer Rouge.

Le duc avait fait construire une embarcation toute spéciale destinée à naviguer sur la mer Morte.

Le transport de cette embarcation démontable, dénommée *Ségor*, à dos de chameaux, entraîna beaucoup de difficultés.

Le voyage du duc de Luynes donna, au point de vue scientifique, d'excellents résultats dont M. Vignes rendit compte dans un travail.

Au mois d'octobre 1867, le duc de Luynes partit pour Rome : l'aîné de ses petits-fils, après avoir cessé d'être zouave pontifical, avait redemandé en 1867 du service dans l'armée du Saint-Siège.

Alors qu'il était député, le duc de Luynes avait toujours protégé la liberté du pape ; en 1867, ses idées n'avaient pas changé : il n'était pas partisan de l'unité italienne.

Le 3 novembre, les troupes franco-pontificales livraient à Mentana un combat aux volontaires de Garibaldi.

Le 2 novembre, le duc arrivait à Rome et s'entretenait avec un savant italien de fouilles à entreprendre ; mais le 3 novembre il était sur le champ du combat, offrant ses soins aux blessés et donnant à l'un d'eux son manteau pour le garantir du froid.

Il rentra atteint d'un rhume assez fort dont il guérit ; mais à peine rétabli, il voulut aller recueillir sur place les renseignements nécessaires pour élever des monuments commémoratifs aux volontaires pontificaux tués dans le combat.

Ce dévouement lui causa une fatigue extrême ; il rentra de

Viterbe épuisé ; une affection ancienne de la vessie dont il était atteint se réveilla : son état empira ; le duc reconnut qu'il était mortellement frappé.

Son petit-fils était rentré à Paris pour épouser Mlle Yolande de Larochefoucault.

Leur contrat de mariage était signé le 28 novembre. Ce même jour, il écrivait à sa belle-fille :

C'est aujourd'hui que vous signez le contrat ; je crois et j'espère qu'il préparera aux futurs époux un avenir heureux comme on peut l'avoir en ce monde. Toutefois, je ne désire pas que les traverses leur soient inconnues. Ce sont elles qui forcent l'âme de considérer et d'affronter les réalités de la vie... A chacun, elles enseignent à ses dépens que nous ne sommes pas dans ce monde pour nous amuser puérilement, et que, quand nous aurons à quitter notre place, elle aura dû être dignement et utilement occupée.

La duchesse de Chevreuse (sa belle-fille, qui vient de mourir (1) à Sablé) avait quitté Paris pour assister aux derniers moments de son beau-père à Rome, où elle se trouvait le 15 décembre.

Ce même jour, à quatre heures du soir, le duc de Luynes mourait.

Le corps du duc de Luynes fut ramené à Dampierre, dans la crypte de la chapelle, pour être inhumé à côté de son grand-père, mort en 1807, sénateur de l'Empire, de sa mère, dame d'honneur de l'impératrice Joséphine, de sa première femme, de son père, mort en 1839, de son frère, mort en 1824, de son fils et de sa seconde femme.

Nous avons dit que le duc de Luynes avait trois petits-enfants : Charles, qui devint duc de Luynes à la mort de son grand-père ; Paul, duc de Chaulnes, né en 1852, mort en 1881, qui releva le titre de duc de Chaulnes, éteint le 22 septembre 1769 par la mort de son titulaire, et Mlle Marie de Chevreuse, qui épousa, le 3 juin 1863, le marquis de Sabran-Pontevès.

La marquise de Sabran-Pontevès mourut fort jeune, le

____

(1) En août ou septembre 1900.

15 novembre 1865. Elle est représentée aujourd'hui par Mme la marquise de Tholozan-Lareinty (1).

Le duc de Chaulnes laissa deux enfants : M. le duc de Chaulnes et Mme la duchesse d'Uzès.

La mort épargna au duc de Luynes de grandes tristesses qui vinrent, en 1870, s'abattre sur sa famille.

Le 2 décembre 1870, son petit-fils Charles était tué au combat de Loigny ; sa mort rappelle celle d'un de ses ancêtres, le duc de Montfort, qui périt à trente-cinq ans, le 13 septembre 1704, près de Belliken, laissant quatre enfants dont le plus jeune n'avait pas deux ans.

Le duc de Montfort, maréchal de camp, fils aîné de Charles-Honoré de Chevreuse et de Jeanne Colbert, escortait un convoi d'argent, quand un corps considérable d'ennemis lui barra le passage ; le duc de Montfort attaqua l'ennemi, mais en se faisant jour à travers il reçut un coup de pistolet dans les reins ; porté à Lang-Kandal, au quartier général, il mourait deux heures après. Le roi Louis XIV lui avait dit un jour : « Montfort, je sais que vous vous exposez ; ménagez-vous pour l'amour du Roi. »

Et Fénelon, à cette occasion, écrivait le 22 octobre 1704 au vidame d'Amiens, son jeune frère :

J'ai ressenti, Monsieur, avec une grande amertume la perte que vous avez faite ; j'en ai encore le cœur malade.

Le duc Charles de Luynes faisait partie, en 1870, avec son frère Paul, des volontaires de l'Ouest, commandés par le général de Sonis et le colonel Athanase de Charette ; le 2 décembre, les zouaves de Charette et les mobiles des Côtes-du-Nord s'emparent d'un petit bois près de Loigny ; le général de Sonis est blessé ; Charette, dont les troupes sont accablées par le nombre, fait sonner la retraite, mais il tombe à son

(1) La situation de la famille de Luynes en 1868 et l'importance de Dampierre sont parfaitement indiquées dans l'Appendice.

tour frappé d'une balle à la cuisse, et reste mort sur le champ de bataille avec 198 des 300 combattants qu'il avait amenés avec lui. Au nombre des 198 morts se trouvait le duc Charles de Luynes, âgé de vingt-cinq ans.

Charles de Luynes avait reçu un obus en plein poumon. « Sa tête était retombée sur sa poitrine, dit Manuela, dans son livre sur l'arrondissement de Rambouillet. « Qu'as-tu « donc? » lui demanda le duc de Sabran-Pontevès, son beau-frère, qui était en ce moment à côté de lui, en lui tendant les bras. »

Mais il ne reçut pas de réponse : c'était un cadavre qui s'appuyait sur son épaule.

Manuela ajoute : « L'armistice signé, la famille de Luynes eut le désir bien légitime d'inhumer le jeune duc dans le caveau de famille, auprès de ses aïeux. Le cadavre ayant été retrouvé grâce à une bague que l'on reconnut, il fut placé dans un cercueil et envoyé à Dampierre.

« Tout à coup, la rumeur se répand que ce n'est pas le duc Charles qui est dans la bière, qu'il se cache dans le Midi.

« Cette rumeur prit une telle consistance que des amis insistèrent pour que le cercueil fût ouvert publiquement et que la constatation fût faite... On ouvrit... le corps n'était ni décomposé, ni même défiguré : les joues étaient encore teintées de rose et la bouche semblait sourire, quoique plusieurs semaines se fussent écoulées depuis la mort; c'était le froid horrible de ce cruel hiver qui avait causé ce phénomène qui ressemblait à un miracle... le corps était gelé. »

Le duc Charles laissait, avec une jeune veuve, aujourd'hui Mme la duchesse douairière de Luynes, deux jeunes enfants, dont le dernier n'avait que trois semaines ; ces deux enfants sont M. le duc Honoré de Luynes (dixième duc de Luynes) et Mme la duchesse de Noailles (1).

_____

(1) Bibl. nat. *Le duc de Luynes*, par le père Chauveau. Cote 4, L. 27ⁿ. 26.906.

Vue du Château prise du Canal.

LE CHATEAU DE DAMPIERRE

Nous avons parlé des hôtes du château de Dampierre ; avant d'entrer au château, disons un mot des visiteurs de marque qui nous y ont précédés.

En 1661, Anne d'Autriche visita Dampierre :

« Le 29 juin 1661, la Reine mère, accompagnée de Monsieur et de Madame, fit l'honneur à la duchesse de Chevreuse de venir la voir à Dampierre, visiter sa maison de plaisance.

« Ayant été reçue à une lieue et demie par le duc de Luynes et le marquis d'Albert, son fils..... S. M. visita tous les appartements, dont la diversité et les riches ameublements la satisfirent pleinement.....

« Le jour suivant, elle parut très satisfaite de la bonne réception qui avait continué de la régaler avec une somptuosité sans pareille. »

C'était alors l'ancien château du cardinal de Lorraine.

Au xviiie siècle, la reine Marie Leczinska vint, comme nous l'avons dit, à plusieurs reprises à Dampierre ; Louis XV, ainsi que ses filles, fut également l'hôte du duc de Luynes, qui nous a conservé le souvenir des voyages du Roi, de la Reine, de Mesdames, filles du roi Louis XV, du roi de Pologne et de plusieurs ministres, ainsi que des rapides séjours de Mme de Pompadour.

Le duc de Luynes écrit dans ses *Mémoires :*

Dimanche 16 juillet 1741.

La Reine nous fit l'honneur de venir ici jeudi dernier : elle arriva à trois berlines que l'on vient de faire pour elle ; ces berlines à six places sont plus légères que les carrosses.

J'allai recevoir la Reine au haut de la montagne...

Après le dîner, la Reine entra dans l'appartement de la Reine, qui est vis-à-vis de celui de Mme de Luynes. On avait ôté le lit de la chambre des nœuds pour faire une garde-robe plus commode.

..... Elle avait demandé en arrivant un salut à la paroisse.....

Après le salut, la Reine monta en calèche menée par le cocher de Mme de Luynes, et fît le tour de la pièce d'eau, alla à la ménagerie et de là par tout le grand parc. (La ménagerie était à la Cour-Senlisse.)

Jeudi 20 juin 1743.

La Reine me fît l'honneur de venir ici lundi, elle n'avait point encore vu le bâtiment composé de cinq pavillons, qui est dans la pièce d'eau et qu'on appelle l'île.

. . . .

Après le dîner, la Reine entra dans son appartement qui est celui à droite du salon; elle alla dans un petit fauteuil au salut, elle était portée par les porteurs de Mme de Luynes. Après le salut, elle monta dans la chaloupe et alla à l'île; elle y joua à Cavagnole jusqu'à dix heures du soir; elle repassa l'eau, éclairée par deux de ses pages, et monta dans une calèche, et les pages montèrent avec des flambeaux dans une autre qui marchait devant elle.

C'était le troisième voyage, dit le duc de Luynes, que la Reine faisait à Dampierre.

Nous avons déjà parlé du voyage de la Reine avec le Dauphin, au mois d'août 1744, voyage pendant lequel eut lieu, dans la salle de l'Astrée, la représentation de *Ragonde.*

C'était son quatrième voyage.

En août 1745 se place le cinquième voyage de la Reine, accompagnée de ses filles.

La Reine avait eu huit filles, dont six étaient encore vivantes.

Louise-Elisabeth, née en 1727 ; Anne-Henriette, sa sœur jumelle ; Marie-Adélaïde, née en 1732, appelée Madame troisième ; Victoire, née en 1733, nommée Madame quatrième ; Elisabeth, née en 1734, Madame cinquième ; Louise-Marie, née en 1737, Madame sixième.

Deux au moins n'étaient pas du voyage.

Le lundi 26 août, la Reine et Mesdames viennent à Dampierre.

Sur les quatre heures, S. M. et Mesdames montèrent dans la chaloupe et allèrent à l'île..... des amateurs exécutèrent plusieurs morceaux de musique vocale et instrumentale.

Le mois suivant, c'est le père de la Reine, le roi Stanislas, qui vient à Dampierre :

Samedi 18 septembre 1745.

Le roi de Pologne nous fit l'honneur de venir jeudi à Dampierre ; il y arriva par un très vilain temps..... Il vit, en courant et par la pluie, l'île et le grand parc..... Il y avait notamment Mme la duchesse d'Uzès douairière..... Après le dîner, il fit un tour dans les jardins et repartit à deux heures et demie pour Versailles.

En 1747, Mme de Pompadour y dîne :

Dimanche 28 (Versailles, 1747).

Le mercredi, lendemain de mon arrivée à Dampierre, Mme de Pompadour y vint dîner avec Mmes d'Estrades (1) et de Livry. Le Roi, qui courait le cerf du côté de Rambouillet, avait amené ces dames jusqu'au coin du bois de Trappes ; il avait dit à Mme de Pompadour que si sa chasse finissait d'assez bonne heure, il viendrait la reprendre à Dampierre et qu'elle l'attendît jusqu'à sept heures ; en ce cas, il ne serait retourné à Versailles qu'à la nuit et aurait fait medianoche dans ses cabinets (repas gras qui se fait après minuit sonné, dans le passage d'un jour maigre à un jour gras). Mme de Pompadour attendit jusqu'à sept heures passées : Le Roi ne vint point ; il ne rentra qu'à huit heures et demie à Versailles ; il était près de sept heures quand il manqua son cerf.

Enfin, en 1748, la visite du roi Louis XV annoncée depuis longtemps se réalise :

« Du mercredi 5 juin 1748.

« Le roi Louis XV arriva hier ici, à six heures et demie ; il entra dans la maison et vit presque tout le rez-de-chaussée. Il avait amené avec lui Mmes de Pompadour et d'Estrades, MM. d'Ayen, etc... Il était environ sept heures quand le Roi sortit avec les dames et ceux qui avaient eu l'honneur de le suivre. La foule du peuple dans les cours et dans les jardins était très grande. Le Roi alla à pied le long de la pièce d'eau par le côté du grand parc et entra dans l'île, dont il parut content.....

(1) Parente et amie de la favorite, protectrices toutes les deux de Quesnay.

« Le Roi voulut voir tous les appartements, même les hauts. Il se mit à table avant neuf heures ; Mme de Luynes lui présenta la serviette ; j'eus l'honneur de le servir pendant près d'une demi-heure ; il m'ordonna ensuite de me mettre à table. Il fut de bonne humeur pendant le souper et parut le trouver bon. Il resta à table jusqu'à onze heures un quart. Il prit son café au sortir de table ; c'est du café qu'il fait lui-même ; il l'avait commencé avant souper et le fit pendant qu'il était à table. Il fit assez longtemps la conversation après souper et fût assez touché d'une illumination qu'il trouva au sortir de table, qui, en effet, faisait un bel effet, sans former d'autre dessin que celui du parterre. Il joua à la comète avec Mme de Pompadour contre MM. de Soubise et de Luxembourg. Il y eut un reversis de Mme d'Estrades, M. d'Ayen, M. de Chaulnes et moi. Le Roi alla se coucher un peu avant deux heures. Il s'est levé ce matin sur les neuf ou dix heures, mais il n'a appelé qu'à onze heures passées. Il a entendu la messe à onze heures trois quarts et est parti à la chasse fort peu de temps après. Il est impossible de paraître plus à son aise, plus gai et plus content qu'il a paru l'être, et nous ne pouvons assez nous louer des marques de ses bontés. S. M. voulut bien me donner les grandes entrées chez lui pendant le temps de son séjour à Dampierre. »

Le duc de Luynes continue son récit :

« Du jeudi 6 juin 1748 (Dampierre).

« Comme Dampierre est sur le chemin de presque toutes les chasses que le Roi fait entre Versailles et Rambouillet, non seulement S. M. connaît le pays, mais il avait vu le château sans cependant y entrer jamais. Il avait passé le long de la pièce d'eau en venant de Rambouillet, tourné sur la chaussée sans vouloir s'arrêter et traversé le parc pour aller courre au bois du Tartelet. Une autre fois, en revenant de la chasse à cheval, il était entré dans l'avant-cour. Toutes ces différentes occasions, ce qu'il avait entendu dire de la maison

à l'occasion des voyages que la Reine, M. le Dauphin et Mesdames ont bien voulu y faire, et encore plus l'empressement
que je lui avais toujours marqué qu'il voulût bien un jour
m'honorer de sa présence, lui avait fait former le projet d'y
venir ; il me faisait l'honneur de me dire souvent que ce projet
était de difficile exécution pendant la guerre ; peu de temps
après la signature des préliminaires, le Roi voulut bien se
souvenir de ce qu'il m'avait fait espérer ; il me parlait souvent de Dampierre et me demandait en badinant quand je
voulais qu'il y allât. Enfin il me fit dire, pendant le dernier
voyage de Choisy, que si cela convenait à mes arrangements,
à Mme de Luynes et à moi, qu'il pourrait y venir coucher le
mardi de la Pentecôte, ajoutant avec bonté qu'il différerait ce
voyage si nous le désirions. On peut croire que la première
proposition fut acceptée avec joie et reconnaissance.

« Le Roi arriva donc mardi, à six heures et demie, dans une
gondole (voiture alors nouvelle), avec Mmes de Pompadour et
d'Estrades, MM. d'Ayen, de Bouillon, etc. M. de Chaulnes
s'était aussi rendu ici ; mon fils n'y était point parce qu'il
n'est point encore arrivé de l'armée... Pour Mme de Chevreuse (1), sa femme, elle n'est pas en état d'y venir à cause
de sa grossesse.

« ... Le Roi avait vingt-quatre gardes du corps, mais personne de sa faculté..... quatre officiers des gardes du corps,
deux chefs de brigade, un écuyer cavalcadour... cinq cochers,
cinq postillons, cinq garçons d'attelage. Il y avait, pour la personne du Roi, soixante chevaux qui logèrent dans mon écurie ;
je ne compte pas, dans ces soixante, les chevaux des gardes
du corps.

« Le président Hénault y était...

« Le Roi se leva, entendit la messe... »

Le duc de Luynes indique les dispositions de la table du
Roi.

(1) Née Pignatelli ; Mme de Chevreuse était enceinte du futur député
aux Etats généraux, né en 1748.

En 1749, Mesdames, filles du Roi, rendent visite à la duchesse de Luynes :

« Vendredi 11 septembre 1749.

« Mesdames, filles du Roi (dont la plus âgée avait 22 ans), me firent l'honneur de venir passer ici l'après-dînée et souper. Madame et Madame Adélaïde étaient déjà venues à un des voyages de la Reine; mais alors Madame Infante était en Espagne et Madame Victoire à Fontainebleau. Elles ont eu l'une et l'autre la curiosité de voir Dampierre; elles arrivèrent donc toutes quatre hier, un peu avant trois heures de l'après-midi. Elles avaient déjeuné à Versailles avec les six dames qui avaient l'honneur de les suivre...

« Mesdames voulurent d'abord voir la maison; elles virent le rez-de-chaussée et le premier étage; il pleuvait et on ne pouvait leur proposer de sortir que dans une voiture couverte... Elles allèrent en calèche voir la ménagerie de mon fils... Elles rentrèrent sur les sept heures... Madame Infante joua au papillon, Madame à quadrille, Madame Victoire accompagna du clavecin et Madame Adélaïde joua du violoncelle et du violon; ces amusements durèrent jusqu'au souper. Mesdames se mirent à table à huit heures avec toutes les dames...

« Les fenêtres du salon étaient fermées avec des rideaux que l'on ouvrit quand Mesdames sortirent de table; elles trouvèrent tout le parterre, en face de la maison, éclairé avec des lampions jusqu'au haut du fer à cheval et le tour des bassins, et comme le temps était devenu assez beau depuis six heures du soir, Madame Adélaïde et Madame Victoire allèrent se promener un moment dans le parterre. Il y avait eu, pendant le souper, de la musique de l'antichambre de Mme de Luynes et des cors de chasse dans la cour; pendant l'illumination, il y eut dans le parterre des timbales et trompettes et un peu plus loin des cors de chasse. Mesdames revinrent dans le salon jouer aux dames et aux échecs, et partirent à minuit. »

En 1754 se place le dernier voyage de la Reine à Dampierre (c'était le sixième) :

« Jeudi 30 mai 1754 (Dampierre).

« La Reine nous fit l'honneur de venir ici à Dampierre; elle arriva à trois heures et partit avant six heures... Ce voyage était un mystère que je devais ignorer; il n'était confié qu'à Mme de Luynes. L'ordre pour les équipages de la Reine était pour aller à Haute-Bruyère. La Reine se promena dans les appartements et, malgré le vent et le froid, elle voulut bien monter dans le carrosse de Mme de Luynes pour aller voir la ménagerie de mon fils à Seulisse... La Reine fit l'honneur à Mme de Luynes de l'embrasser en arrivant et en partant, et nous donna à l'un et à l'autre mille marques de bonté... — Dans l'intimité, à la Cour, on appelait Mme de Luynes Papette. »

Quatre ministres se trouvent à la fois, en août 1758, à Dampierre :

« Du samedi 5 août 1758.

« M. le maréchal de Belle-Isle était venu ici mercredi avec le comte de Bernis, le maréchal d'Estrée et M. de Puiseux : ces quatre messieurs allèrent jeudi à Saint-Hubert. »

Au XIXe siècle, le peintre Ingres habita plusieurs années au château de Dampierre et y reçut la visite du ministre de l'Intérieur Duchâtel et de Ary Scheffer.

Après la mort de Ingres, Charles Blanc, qui publiait des articles remarquables sur le grand artiste, se rendit à Dampierre, le 28 février 1868, avec MM. Delaborde, Gruyère et Challemel-Lacour.

En 1874, le prince de Galles vint déjeuner à Dampierre et, en 1890, la reine Isabelle II d'Espagne y passa une journée au mois de novembre (1).

La Société archéologique de Rambouillet commence sa visite du château de Dampierre par le musée : le musée est placé dans une partie de l'ancien château du cardinal de Lorraine, sur la gauche. C'est l'ancien bâtiment de l'Astrée, qui n'a pas

____

(1) M. Paul Bourget était l'hôte du château de Dampierre le jour de la réunion de notre Société.

conservé les anciennes peintures ; il est encore remarquable cependant avec ses belles poutres décorées de chimères.

Ce bâtiment avait été divisé en deux parties, l'une affectée au laboratoire de chimie et de physique ; en 1764, le duc de Chevreuse, gouverneur de Paris, avait transformé l'Astrée en atelier pour le tour et les autres ouvrages de main, et en laboratoire pour la distillation ; le duc de Luynes installa également dans les mêmes dépendances le musée d'histoire naturelle. C'est là aussi que sa grand'mère avait installé une imprimerie et imprimé elle-même ses traductions de romans anglais.

LE MUSÉE D'HISTOIRE NATURELLE

Le musée d'histoire naturelle de Dampierre renferme une des plus belles collections particulières qu'on puisse voir. En 1841, quand le duc de Luynes confia à l'architecte Duban le soin de restaurer le château de Dampierre, il fit disposer une partie de l'ancien château bâti par le cardinal de Lorraine en vue d'y recevoir des collections. Un savant modeste, M. Gory, qui vivait dans son intimité, s'occupa de l'installation et de l'agrandissement de ce musée.

La zoologie y est représentée par les mammifères et les oiseaux de Dampierre et des environs, ceux-ci avec les nids, les variétés et les espèces de passage, réunis et rapprochés de manière à former des spécimens complets de la faune locale.

La minéralogie se distingue par la beauté et la rareté de beaucoup d'échantillons tirés de tous les pays et par une suite très nombreuse de pierres et de fers météoriques.

On peut citer, par exemple, divers fragments des principales roches des Vosges, des produits volcaniques du Vésuve, de l'Etna et des montagnes d'Auvergne, des roches et fossiles d'Egypte, des coquilles et des poissons du Nil, des coquilles vivantes et subfossiles, ainsi que des madrépores de la mer Rouge.

Quant à la paléontologie, les faunes d'Aix, d'Apt, de Sansan et les dépôts des cavernes sont représentés à Dampierre par

La Pièce d'eau devant la façade du Château sur le Parc.

des pièces vraiment remarquables, et les plus beaux ossements fossiles de Saint-Prest, aux environs de Chartres, et
de Figline, dans le Val-d'Arno, y ont été apportés.

Ces ossements ont permis de constater sur deux points de
l'Europe fort éloignés l'un de l'autre des restes abondants de
l'espèce connue sous le nom d'*Elephas meridionalis*.

Cette collection forme un ensemble intéressant pour l'étude
des temps préhistoriques.

Du musée, la Société se dirige à la bibliothèque de Dampierre, sous l'aimable conduite de M. Bar, intendant du
domaine de Dampierre.

LA BIBLIOTHÈQUE

Le duc de Luynes avait trouvé à Dampierre le noyau d'une
bonne bibliothèque historique en ce qui concerne la France ;
il s'occupa d'y ajouter tous les ouvrages de première main
qui pouvaient renfermer aussi les annales de l'Angleterre, de
l'Allemagne et surtout de l'Italie, pays originaire de sa
famille. Ce dernier pays, et dans ce pays le royaume de Naples,
furent l'objet de ses investigations assidues. Non seulement
les grands recueils, mais aussi une foule de monographies,
de dissertations spéciales, introuvables dans nos principales
collections publiques, furent acquises par lui, « et je ne crains
pas d'affirmer, dit Huillard-Bréholles, après en avoir person-
nellement usé, qu'à ce point de vue la bibliothèque de Dampierre est une des plus précieuses et des mieux choisies qu'il
y ait en France ».

M. de Luynes, sollicité un jour de convertir en parquet le
froid carrelage de la galerie qui lui servait de bibliothèque à
Dampierre, fit le compte prévu de cette dépense et dit :
« Contentons-nous de mettre des nattes ; avec le prix de ce
parquet, je pourrai nourrir dix familles l'hiver prochain. »

La Société parcourt la bibliothèque de Dampierre.

Le plus célèbre livre d'heures (les livres d'heures manuscrits contenant les prières de la messe, les diverses parties de l'office, ornés de peintures, constituent en général de précieux monuments artistiques) est le livre d'heures d'Anne de Bretagne (1476-1514), dont les peintures sont de la fin du XVe siècle. Ce manuscrit, qui contient près de soixante miniatures à pleine page, est à la Bibliothèque nationale.

Le duc de Luynes en fit faire une magnifique copie que feuillettent les membres de la Société archéologique. Les plus remarquables miniatures de ce manuscrit sont : le portrait de la reine Anne, saint Jean, l'Annonciation, la Descente du Christ, l'Adoration des Mages, David à genoux, la Résurrection de Lazare, saint Michel.

Les auteurs de ces peintures sont inconnus ; la Société admire les ornements qui accompagnent chaque page : bordures de fleurs, d'oiseaux, d'insectes.

Le calligraphe Jarry, dont l'œuvre maîtresse, *la Guirlande de Julie*, avec les miniatures de Robert, et la reliure de Le Gascon, appartient à Mme la duchesse d'Uzès, et dont les Mémoires de la Société ont reproduit les pages principales, est représenté au château de Dampierre par une œuvre remarquable, un office de la Vierge avec miniature, qui a été exécuté entre 1633 et 1658. On cite comme la première œuvre de Jarry un *Præparatio ad missam* (1633) ; *la Guirlande de Julie* est de 1641 ; en 1656, il calligraphia un office de la Vierge Marie, avec des miniatures de Petitot. Dans une vente récente, un manuscrit de Jarry, *la Guirlande de Julie*, sans miniatures, a atteint le chiffre de 15,000 francs.

Le libraire Brunet, qui a analysé toutes les œuvres de Jarry connues, mentionne l'existence de l'ouvrage suivant : *les Sept petits offices pour les sept jours de la semaine*, dédiés à la duchesse de Chevreuse par Nicolas Jarry, sans date, in-16, sur vélin, orné de guirlandes de roses et de six miniatures, relié en chagrin noir. Ce volume fut vendu 700 francs à la vente du journaliste Solar, en 1861.

La duchesse de Chevreuse dont il s'agit est Marie de Rohan.

La maison de Dampierre possède deux registres importants contenant des lettres de Louis XIV et de Colbert, qui ont été consultées par M. Guiffrey pour son grand ouvrage : *les Comptes des Bâtiments du Roi;* ces registres renferment des spécimens nombreux de l'écriture de Louis XIV; ce sont des feuilles de grand format sur lesquelles Colbert fait au Roi les propositions pour travaux, pour nominations diverses, avec les réponses du roi Louis XIV.

M. Coüard, archiviste du département, qui est dans son élément, nous donne des explications intéressantes au sujet de ces manuscrits; il manifeste le désir que les manuscrits relatifs à Louis XIV et à Colbert reçoivent l'estampille officielle, afin qu'on ne leur dénie jamais le caractère d'authenticité.

La Société jette un coup d'œil sur de très beaux ouvrages illustrés consacrés spécialement à l'Italie. Dampierre possède encore d'autres manuscrits, notamment des lettres autographes de Marie Leczinska à la duchesse de Luynes; un grand nombre de ces lettres ont été publiées par le duc de Luynes; en 1886, V. des Diguières a publié deux ou trois cents lettres inédites, tant de la Reine que de la duchesse de Luynes.

On ne visite le château de Dampierre que le vendredi et sur autorisation spéciale (1); mais Mme la duchesse douairière de Luynes, en considération de ce que le duc de Luynes avait été président de la Société archéologique de Rambouillet depuis 1841 jusqu'au 15 décembre 1867, date de sa mort, avait accordé l'autorisation la plus large aux membres de cette Société de visiter le château le dimanche 22 septembre.

C'est la troisième fois que la Société archéologique visitait Dampierre; elle y était venue le 28 septembre 1888 et, une

(1) Pour visiter Dampierre, il faut demander la permission à Mme la duchesse douairière de Luynes, lui écrire à Dampierre; si l'autorisation est accordée, un permis de visiter est envoyé et, avec ce permis, le visiteur se présente au château dans l'après-midi du vendredi indiqué.

Un dimanche de juin 1901, sur autorisation spéciale obtenue par Me Menguy, notaire à Chevreuse, la Société « la Marmite », avec MM. Doumer, gouverneur de l'Indo-Chine, Fernand Faure, Ferdinand-Dreyfus, etc., a visité Dampierre.

première fois, en 1843; en effet, nous extrayons d'une lettre du duc de Luynes, du 7 février 1843, au vice-président de la Société :

« Je suis heureux que, cette année, la Société choisisse le pays de Dampierre pour but de son excursion et d'en recevoir les membres lorsqu'ils auront la bonté de visiter le château. »

Nommé membre de la Société archéologique en 1837, le duc de Luynes remercie ses collègues dans une lettre datée de Dampierre, du 10 juillet 1837 : « J'accepte », écrit-il au président, « avec reconnaissance cette nomination et vous prie d'être mon interprète auprès de la Société archéologique. Je ferai tous mes efforts pour seconder ses travaux, assister à ses principales réunions et lui apporter le tribut de mon zèle dans les recherches dont elle voudra bien me charger. » Le 19 avril 1841, il remercie ses collègues qui l'ont nommé leur président; en 1843, ils le maintiennent à la présidence, qu'il conserva, comme nous l'avons dit, jusqu'à sa mort.

Nous avons indiqué que l'œuvre de Mansart était restée intacte jusqu'en 1839; le duc de Chevreuse, père du duc de Luynes, avait ajourné constamment, et jusqu'à sa mort, des travaux qui auraient dérangé ses habitudes et la vie tranquille qu'il menait à Dampierre.

Ce fut à la mort de son père que le duc de Luynes songea à restaurer Dampierre : il affecta d'abord à cette restauration une somme de 400,000 francs.

Le duc de Chevreuse mourut au commencement de l'année 1839. Le *Moniteur universel*, du 25 mars 1839, annonce ainsi son décès :

« M. le duc de Chevreuse vient de mourir à l'âge de cinquante-cinq ans, dans son château de Dampierre. Il laisse l'une des plus riches successions de France. L'héritier de son nom est M. le duc de Luynes, membre libre de l'Académie des Inscriptions et Belles-Lettres et membre du Conseil général de Seine-et-Oise. » (Presse de Seine-et-Oise.)

Le père du duc de Luynes portait le titre de duc de Chevreuse
et ce fait s'est reproduit souvent dans l'histoire de cette maison.

Les chefs de la maison d'Albert portèrent alternativement
les titres de duc de Luynes et de duc de Chevreuse; la pairie,
érigée en 1619, étant attachée au premier titre seulement, il
arriva fréquemment que celui qui portait le nom de duc de
Chevreuse fût en droit duc de Luynes et siégeât comme tel
au Parlement, quoique dans le monde le titre de duc de
Luynes fût donné à son père ou à son fils.

C'était le fils aîné qui avait droit au titre de duc de Luynes.

A une époque déterminée, en 1732, le duc de Luynes, l'historien, qui n'avait qu'un fils, craignit que le titre de Luynes
ne vînt à s'éteindre; il songea à faire passer ce titre dans la
maison de Chaulnes au cas où son fils serait venu à mourir.
Il fit, avec le duc de Chaulnes, son oncle, une substitution, de
mâles en mâles, graduelle et perpétuelle, des duchés de
Luynes, de Chevreuse et de Chaulnes, par contrat du
18 juin 1732, confirmé par lettres patentes du mois de mars
1733. Ces lettres portent qu'elles sont pour la conservation
d'une maison qui, depuis plus de trois cents ans qu'elle a
passés dans notre royaume, après avoir tenu les premiers
rangs dans la Toscane, où elle possédait des fiefs de l'Empire
dès le xie siècle, n'a cessé de donner des preuves d'un attachement inviolable aux rois, nos prédécesseurs.

Mais les craintes du duc ne se réalisèrent point; au contraire,
le titre de duc de Chaulnes, qui avait appartenu à un frère du
connétable de Luynes, éteint une première fois au xviie siècle,
relevé au xviiie, s'éteignait une seconde fois à la fin du même
siècle par le décès du duc de Chaulnes, mort sans postérité.

Après la mort de son père, et l'année même de sa mort, en
1839, le duc de Luynes confiait à Duban, alors âgé de qua-
rante-deux ans, le soin de restaurer son château; il songeait
aussi à le décorer avec magnificence, mais dans le sens de
l'histoire et de l'archéologie; il s'adressait alors à Ingres,
directeur de l'Ecole française de Rome. Mais n'anticipons pas.

La Société archéologique, après avoir visité la bibliothèque, franchit le pont donnant accès dans la cour intérieure et apprécie toute la justesse et tout le charme des descriptions qui ont été faites du château de Dampierre.

Charles Blanc, qui fut directeur des Beaux-Arts en 1848, le redevint en 1870, a ainsi décrit sa visite du 28 février 1868 au château de Dampierre (1) :

« Le château de Dampierre est situé au beau milieu d'un vallon formé par deux coteaux parallèles et arrosé par une petite rivière, l'Yvette.....

« Les rues sont silencieuses, les cabarets même paisibles et toute l'existence des habitants paraît d'une tranquillité profonde. Le bas de la colline, qui fait face au château, est échancré régulièrement en hémicycle et creusé en bassin.

« Aux deux extrémités de l'hémicycle s'élèvent deux fontaines qui jaillissent par de beaux mufles de lions en bronze. La grille du château ouvre sur un vaste préau qui conduit à la cour d'honneur, laquelle est flanquée à droite et à gauche de deux longs pavillons en portiques, c'est-à-dire en arcades sur pieds-droits. Par ces arcades, qui sont ouvertes de toutes parts, on aperçoit deux autres cours, dont l'une, celle de gauche, est ornée d'un groupe en bronze : *Thésée et le Minotaure*, moulé sur le marbre de Cortot. Le pavillon de droite est celui que M. et Mme Ingres ont habité pendant sept ou huit ans, pendant trois ou quatre mois de l'année.

« Le château, bâti en briques et pierres, a maintenant l'aspect régulier et froid digne d'une demeure seigneuriale au temps de Louis XIII.

« Le pavillon central, orné au premier étage de deux ordres de colonnes, surmonté d'un fronton, est en retraite et dessiné avec les bâtiments en avant-corps une petite cour à laquelle on accède par un pont. »

(1) *Gazette des Beaux-Arts.*

La même année, Huillard-Bréholles parlait en ces termes de la demeure du duc de Luynes, qui venait de mourir :

« Bien que par le choix de l'emplacement Dampierre puisse mériter le reproche adressé par Saint-Simon à Versailles, celui de manquer de vues ou de n'en avoir que d'artificielles, sous les autres rapports, il échappe aux critiques de l'historien satirique. L'élégance n'y est point sacrifiée au grandiose, ni l'ordonnance commode à la décoration théâtrale. La cour d'entrée, spacieuse et en pente, est flanquée de deux constructions parallèles, qui ont pour but de masquer les dépendances et les écuries, et semblent au premier abord faire corps avec le bâtiment principal dont elles sont pourtant séparées par un large fossé rempli d'eau courante. On arrive de plain-pied au château par un pont donnant sur une petite cour intérieure prise, comme la cour de Marbre à Versailles, sur l'épaisseur du bâtiment. Les deux ailes en retour se terminent par deux minces tourelles et la façade du fond est surmontée d'un fronton de bon goût. L'œil embrasse avec plaisir cet ensemble qui n'a rien de massif, où l'air circule librement, où la lumière, ravivée par les tons chauds de la brique, ajoute aux effets de la perspective.

« Le château est de forme carrée, à un seul étage; les combles en mansardes, percés de lucarnes alternativement circulaires et quadrangulaires, présentent, par leur forme arrondie, un aspect moins dur que celui de nos toits aigus. Les deux faces latérales, ainsi que la façade postérieure, décorée d'un élégant perron, donnent toutes sur un horizon de verdure agréablement varié..... »

A la date du 17 avril 1868, le critique Vinet s'exprime ainsi dans le journal *l'Union* :

« Ce fut au château de Dampierre que j'eus l'honneur de voir M. le duc de Luynes pour la première fois. Situé dans un bas-fond, entouré de vieilles futaies se mirant dans des eaux vives, Dampierre, par sa paisible et sa majestueuse mélancolie, semblait dire à ses rares visiteurs : Regardez-moi et vous aurez à l'avance quelque idée du grand seigneur, de l'homme éminent qui vit dans mes murs et qui s'y plaît.

« La presse l'effrayait presque avec ses trompettes sonores. Il tenait à être utile et se souciait peu d'être influent. »

Dans le fronton sont entrelacées les lettres H et A, et sont figurées les armes de la famille de Luynes (1).

La lettre H rappelle le prénom le plus fréquent des aînés de la famille, le prénom d'Honoré, que porta notamment le capitaine de Luynes (1540-1592).

La lettre A évoque le nom d'Albert, qui est le nom de la famille, originaire de Florence.

Les armes de la famille d'Albert de Luynes ont pour support : deux lions, une couronne de duc.

La Société archéologique pénètre dans le château.

Au bas de l'escalier est placée la statue de Pénélope, qui figura au Salon de 1849.

La « Pénélope endormie ».

Pénélope, femme d'Ulysse, roi d'Ithaque, et mère de Télémaque, est devenue le type de l'épouse vertueuse, gardienne du foyer. Mariée à Ulysse, elle venait de donner le jour à Télémaque, quand Ulysse partit pour la guerre de Troie. Pendant vingt ans, elle attendit le retour de son mari qui, pendant dix ans, prit part à la guerre de Troie, et pendant dix autres années erra sur les mers. Pendant ces vingt années, elle écarta les prétendants qui demandèrent sa main en soutenant que son mari était mort. Elle avait déclaré aux prétendants qu'elle ne se remarierait que quand elle aurait achevé un grand suaire destiné à envelopper le corps de Laërte, le père d'Ulysse, quand il serait mort. Or, chaque nuit, elle défaisait l'ouvrage commencé.

Fatiguée par ce travail, qu'elle recommence sans cesse,

____

(1) Au XVIIIᵉ siècle, là était placé un buste d'un duc de Luynes.

La *Pénélope endormie* (d'après une photographie de la maison Fayard).

l'épouse vertueuse, fidèle à son mari, s'est endormie ; jusque dans son sommeil, elle est fière et sévère.

Barbedienne a popularisé l'œuvre de Cavelier par des reproductions en bronze.

Au moment où Cavelier travaillait à sa *Pénélope*, il était en pleine force de son talent : il avait trente-cinq ans.

Le 5 juillet 1849, dans une réunion solennelle de toutes les sections du jury des récompenses, présidée par M. le Ministre de l'Intérieur, la grande médaille d'honneur de 4,000 francs fut décernée à Jules Cavelier, auteur de la statue de Pénélope.

On raconte l'anecdote suivante : Un jeune sculpteur se trouvait un jour dans l'atelier de Paul Delaroche, quand celui-ci lui fit remarquer une assez jolie femme qui lui servait de modèle et qui venait de s'endormir sur sa chaise ; Delaroche en aurait fait à la hâte un croquis, l'aurait remis à Cavelier, son élève, et lui aurait dit : « Tiens, voilà une statue toute faite, si tu veux. » C'est ce bout de croquis qui serait devenu la *Pénélope endormie*. D'après Maxime Du Camp, l'idée de cette statue serait venue à Cavelier à la vue d'une servante endormie dans une auberge.

Auguste Galimard, peintre distingué, rendant compte du Salon de 1849, analyse ainsi l'œuvre de Cavelier (1) :

« La foule contemple, au palais des Tuileries, une statue représentant une royale beauté, dont le sommeil paisible est empreint d'un caractère de grandeur et de majesté qui produit en nous une émotion profonde.

« ..... Le disciple de Phidias (Cavelier) montre à la foule une belle femme endormie, aux artistes une Grecque délicieuse et à la postérité l'image de la chaste Pénélope.

« Cette noble femme d'Ulysse est représentée par Homère comme subjuguée par Minerve :

« Un doux sommeil coule sur les yeux de la fille d'Icare ;

---

(1) *Salon de* 1849, par Galimard.

inclinée sur son siège, elle s'endort et son esprit goûte un profond repos dans le séjour des songes fortunés. Alors, la déesse lui prête de nouveaux charmes; elle répand sur le visage de Pénélope une essence divine dont le nom est celui de la beauté même, essence que Vénus fait couler sur son corps lorsque, le front ceint de sa couronne immortelle, elle va danser avec le chœur aimable des Grâces. Minerve rehausse encore la majesté du port de la reine et lui donne une blancheur éblouissante qui ternirait celle de l'ivoire que l'on vient de polir. »

« Assise sur son siège antique, Pénélope est doucement penchée sur elle-même, et, comme le dit Homère, ses fibres sont détendus. Elle cède entièrement au doux sommeil envoyé par Minerve. Cependant, au milieu de cet abandon, Pénélope tient encore le peloton de soie dont elle compose le voile merveilleux qui doit ensevelir le vieux Laërte.

« Pénélope, fatiguée d'un travail qu'elle défait sans cesse, s'endort.

« Le geste de cette statue de Pénélope est parfait. Le jeu du squelette est d'une vérité absolue. Il y a un grandiose imposant dans le jet de cette figure. La tête, le corps, les bras, toutes les parties enfin dorment du même sommeil, d'où il résulte une grande harmonie soutenue avec un mérite supérieur par le choix des formes et des draperies qui composent cette statue que tout le monde admire.

« A côté de ces éloges, quelques critiques :

« ..... Il y a une uniformité trop grande dans les plis se rencontrant sur la cuisse droite et l'oreille ne présente pas le caractère cartilagineux de la nature. La peau de lion qui recouvre le siège de Pénélope n'est pas travaillée d'une manière qui établisse assez de différence avec le fini des draperies.

« Les draperies légères qui recouvrent le sein et les bras de la reine n'ont point toute la finesse qui distingue les œuvres des beaux temps de l'antiquité.

« La *Pénélope* décorera le château de M. le duc de Luynes,
et dire que cette figure est digne de cette noble destination, c'est
en faire le plus bel éloge. »

Le duc de Luynes acheta la *Pénélope* dans un temps de
détresse générale; mais, généreux comme il l'était, il donna à
Cavelier plus que Cavelier ne demandait.

INGRES ET « L'AGE D'OR »

La Société archéologique monte le grand et large escalier
en pierre dont les murs sont peints de marbre et décorés de
niches et de vases en trompe-l'œil : les peintures dont ces
murs sont revêtus auraient remplacé celles que Gleyre, le
peintre suisse, né en 1808, aurait exécutées et qui auraient
été effacées parce qu'on les trouvait médiocres.

Au premier étage s'ouvre la galerie de *l'Age d'or*, qui mesure
toute la profondeur de l'édifice entre cour et jardin.

Ici, suivons pas à pas Charles Blanc (1) :

« Pour refaire cette galerie qui devait recevoir le jour d'en
haut, il a fallu supprimer un plafond et l'étage du comble,
tout en ménageant un passage nécessaire entre les deux corps
de logis qu'on allait séparer. M. Duban y a pourvu très habilement par deux tribunes à consoles qui ont changé en superbes motifs de décoration ce qui était une nécessité imposée
au constructeur. Ces tribunes encadrent à merveille la longue
chambre dont les deux parois latérales devaient être peintes
par Ingres; elles en redoublent la lumière par deux grandes
ombres qu'elles projettent aux deux extrémités de la longueur.
D'excellentes frises de Simart, représentant les travaux de la
Moisson et de la Vendange, amènent la partie supérieure à la
hauteur des tribunes. Des médaillons du même sculpteur,
accompagnés de petites figures par Hippolyte Flandrin, remplissent les compartiments du soffite. Dans la partie supérieure s'élèvent sur des piédestaux, à hauteur d'homme, des

____

(1) *Gazette des Beaux-Arts* (1868 et 1869).

cariatides adossées et polychromes qui soutiennent la tribune. Enfin, des rinceaux dorés complètent cette riche ornementation et encadrent les surfaces cintrées réservées aux peintures de Ingres.

« Quand on a tiré pour nous l'épais rideau de velours grenat qui recouvre maintenant *l'Age d'or*, dit M. Blanc, nous avons été tout d'abord surpris de voir cet ouvrage beaucoup plus avancé qu'on ne l'avait dit. Des quarante figures environ qui le composent — et ce sont des figures un peu au-dessous de la grandeur naturelle — il y en a huit ou dix qui sont finies ou à peu près et dignes du maître. Ces figures se meuvent dans un gracieux paysage d'Arcadie, à la manière du Poussin.

« Au centre de la composition s'élève un autel de gazon sur lequel un homme un peu plus âgé que les autres, prêtre officieux de la tribu, semble prononcer une action de grâces en élevant ses bras vers les dieux, pendant qu'un jeune garçon apporte des fruits dans une corbeille où une jeune fille les prend pour les ranger en offrande. En avant de l'autel, un chœur de nymphes qui dansent en rond au son des flûtes agrestes, tandis que l'une d'elles, montée sur un tertre, marque la mesure en battant des mains.

« A droite, un beau jeune homme est couché sur le gazon à côté de sa femme, qui regarde leur enfant occupé à se traîner auprès d'un lapin.

« Tout près, en tirant sur la droite, on remarque un beau garçon, élégant et svelte, qui, assis sur le bord d'un ruisseau, une jambe pliée en hauteur et l'autre étendue, se prépare à plonger dans l'eau. Des groupes de figures remplissent, au troisième plan, toute la partie droite du tableau.

« Du côté opposé, non loin du cadre, domine une figure imposante et plus grande que les autres, celle de l'Astrée, devant laquelle se pressent des familles heureuses qui écoutent religieusement ses paroles. Au premier plan, de ce côté, est ébauché un groupe de trois figures assises sur l'herbe ; c'est une mère qui sourit à son enfant en s'appuyant sur son époux.

Dans le haut de la composition, deux figures volantes et symétriquement placées se détachent sur le fond sombre de la verdure. »

M. Blanc fait remarquer ces deux petits garçons qui, mêlant sans le savoir leur grâce enfantine avec la grâce voluptueuse et chaste des jeunes filles, cherchent à couper la danse et se poursuivent au travers du cercle mouvant des danseuses, le jeune éphèbe qui, au moment de se jeter à la nage, allonge une jambe comme pour tâter l'eau du bout de son pied, la figure entière de jeune femme qui, appuyée sur son amant, tourne ses regards vers la déesse.

C'est dans cette salle que le duc de Luynes avait songé à réaliser ses idées d'artiste et d'archéologue.

Il aurait été amené par degrés à cette conception. En 1839, après la mort du duc de Chevreuse, son père, quand le duc de Luynes se fut attaché à l'idée qu'il avait conçue, pensant aux artistes au concours desquels il devait s'adresser, le nom de Ingres se présenta immédiatement à son esprit.

Ingres était alors âgé de cinquante-neuf ans; arrivé à l'apogée de sa gloire, il était directeur de notre Académie de peinture à Rome; le Vœu de Louis XIII, l'Apothéose d'Homère, Œdipe et le Sphinx, un grand nombre de chefs-d'œuvre avaient fait de lui un des plus grands peintres de son époque.

C'est sans doute en août ou en septembre 1839 que le duc de Luynes écrivit à Ingres, alors à Rome, lui demandant s'il lui conviendrait de peindre les deux parois de la galerie de Dampierre, lui laissant le choix des sujets, pourvu qu'ils se rapportassent à l'antiquité héroïque : le duc de Luynes proposait au peintre, pour les deux tableaux, 70,000 francs.

La réponse de Ingres, datée de Rome, est du 14 septembre 1839, elle est ainsi conçue (1) :

« Vous me pardonnerez si, dans ma position, des affaires toujours incompatibles avec mes goûts m'ont empêché de ré-

____

(1) *Gazette des Beaux-Arts*, Ch. Blanc.

pondre aussitôt que je l'aurais voulu à votre bien honorable lettre, pour vous en remercier et vous exprimer ma vive gratitude pour tout l'honneur qu'elle me fait... Je suis heureux mille fois que l'homme que j'ai toujours tant apprécié et admiré me distingue à ce point de me mettre dans de si hauts rapports avec sa personne et avec ce qui le touche dans ce qu'il a de plus cher... Je vous remercie, Monsieur le duc, de ce que vous voulez bien offrir au prêtre qui vit de l'autel. Votre offre est toute généreuse. »

Ingres reçut de M. le duc de Luynes cette proposition qui le jeta dans le ravissement. Il s'agissait de peintures décoratives à exécuter au château de Dampierre, dans une galerie que M. Duban devait reconstruire et qui devait être ornée avec la dernière magnificence. Deux grandes places, les places d'honneur, étaient réservées à Ingres, directeur de l'Académie de France à Rome, et M. de Luynes les lui offrait avec la déférence la plus flatteuse et la plus haute politesse. Le prix de ce grand travail était fixé à 70,000 francs pour les deux tableaux, dont les deux sujets n'étaient pas encore déterminés. Pour le cas où le maître les voudrait exécuter à Dampierre, l'hospitalité du château lui était noblement offerte. Ce fut vers le commencement de septembre 1839 que les propositions parvinrent, à Rome, à Ingres. Dans sa lettre, le duc parlait du vœu exprimé par son père qu'il fût fait dans le château de Dampierre deux peintures représentant des sujets historiques ou autres, de nature à contenir pour les futurs habitants du château un encouragement et un reproche. Après réflexions, Ingres, préoccupé avant tout de son art, choisit pour sujet l'Age d'or et l'Age de fer, pris dans Hésiode.

Le 19 septembre, il écrit à Duban et lui indique sa manière de voir (1) : « Quant à la dimension en hauteur des tableaux et celle à partir du sol comme soubassement, je me suis décidé, dit-il, d'après les stances de Raphaël au Vatican. Je voudrais peindre

(1) *Gazette des Beaux-Arts.*

ces tableaux sur place » ; il n'est pas d'avis de peindre sur toiles ni sur bois, parce que les planches se déjettent; il propose la fresque ou bien l'huile sur le mur, sur une espèce de stuc.

Le 25 janvier 1840, il écrivit à nouveau à Duban :

« Rien à changer à la belle décoration de votre salle, que je trouve superbe. Ces belles consoles qui soutiennent cette tribune et les belles portes, tout cela, à l'exemple de la chapelle Sixtine, peut très bien rester et faire divinement, mais ces riches colonnes, l'entourage et le soubassement en marbre, j'en doute. Dans le cas où l'encadrement sera de marbre, un marbre gris clair veiné me paraîtra toujours bien faire. »

Au mois d'avril 1840, le duc de Luynes allait à Rome et s'entendait définitivement avec l'artiste sur les sujets, sur le système de décoration et sur le mode d'exécution des peintures : Ingres suggéra lui-même les motifs des ornements à exécuter sur les parois et sur les voûtes.

Ingres persistant à faire de la peinture murale, il ne fallait rien moins que de reprendre en sous-œuvre les murs de la galerie pour les rebâtir en matériaux choisis qui puissent garantir au peintre l'éternité relative d'une architecture digne de son œuvre : Duban (1) dut donc reconstruire les deux murs de fond en comble, et comme le château était déjà consolidé dans ses ailes, ce fut une double opération nécessairement coûteuse.

Les murailles restaurées sur lesquelles des toiles sur châssis pouvaient s'appliquer étaient dans l'impossibilité de recevoir des peintures; autrement, des tassements et des fissures se seraient produits.

Dans une lettre de fin 1839 ou commencement 1840, le duc de Luynes s'en explique.

Ce fut une idée malheureuse, dit Ch. Blanc, que celle de peindre sur mur l'Age d'or et l'Age de fer : si Ingres avait

____

(1) Le buste de Duban est à l'Ecole des Beaux-Arts, près de l'entrée de la salle de l'Hémicycle.

travaillé dans son atelier, son œuvre aurait eu un tout autre caractère.

Néanmoins, l'accord s'était établi sur ce point, et l'idée que les sujets fussent peints sur mur flattait secrètement le duc de Luynes, car ce système de peinture assurait la perpétuité de l'œuvre et protégeait, dans la pensée du duc de Luynes, cette œuvre contre les révolutions qui pourraient se produire.

Ingres étant venu à Dampierre et ayant jeté un coup d'œil sur la galerie qui lui était destinée, sur la décoration des tribunes, des balustres, des soubassements, des frises, œuvres de Simart, il trouva tout cela trop clair et demanda un remaniement.

Les peintures du plafond et les voussures furent conservées ; les autres remplacées par des sujets décoratifs.

En 1842, Ingres s'installa à Dampierre dans le pavillon de droite en entrant au-dessus des arcades et en dehors du bâtiment principal. Ses fenêtres donnaient sur la cour d'honneur du château, entourée de portiques sur deux côtés (1).

Mais ce ne fut, en réalité, qu'au printemps de 1843 que le peintre commença son œuvre.

Dans une lettre à son ami Gilibert, datée de 1843, Ingres explique ce qu'il va faire à Dampierre.

Voici sa conception de l'Age d'or (2) : « Les hommes de cette génération n'ont point connu la vieillesse. Ils vécurent longtemps toujours beaux et jeunes. Ils étaient bons, justes et s'aimaient. Ils n'avaient de nourriture que les fruits, l'eau des fontaines, le lait, le nectar. Ils vivaient ainsi, en mourant s'endormaient, et devinrent de bons génies qui avaient soin des hommes. Astrée, la Justice, les visitait souvent et ils l'aimaient, et Saturne, dans le ciel, contemplait leur bonheur.

« Action : tous réunis dans un préau élevé sous lequel sont une treille et des arbres chargés de fruits, ils ont élevé là un

____

(1) Mᵉ Messelet, avoué à Paris, a habité là pendant son enfance.
(2) *Gazette des Beaux-Arts.*

autel de gazon. Un homme, acolyté d'un jeune garçon et d'une jeune fille, élève une noble action de grâce, tandis que les enfants portent dans leurs mains, l'un des fruits, l'autre une coupe de lait.

« Derrière ce prêtre s'agite une danse religieuse... A droite est une majestueuse figure d'Astrée. Sur le premier plan, un jeune homme regarde sa femme qui tient son enfant endormi. »

Pendant dix-huit mois, Ingres travailla dans la galerie.

Ce laps de temps écoulé, le duc de Luynes pénétra dans la galerie; il loua plusieurs figures, mais dans l'appréciation générale, il fut plutôt froid.

Cependant, le duc de Luynes faisait une avance de 20,000 francs, au mois de novembre 1844, au peintre.

Pendant plusieurs années, Ingres travaillait sans relâche, mais n'arrivait point à produire une œuvre qui donnât satisfaction ni au duc de Luynes ni à lui-même.

Des mécontentements se produisirent; il y eut des froissements, mais on ne saurait attribuer à ces froissements futiles l'échec de l'œuvre.

On a prétendu que Ingres fut mécontent de ce que le duc de Luynes ne mettait pas une voiture à sa disposition pour Chevreuse quand il allait à Paris; à cette époque, une voiture publique conduisait de Chevreuse à Versailles, où l'on prenait le chemin de fer.

Nous sommes convaincu qu'il eût suffi que Ingres, sur ce point, exprimât un désir pour qu'il reçût aussitôt satisfaction.

En 1847, une entente semblait s'annoncer, l'œuvre paraissait prendre meilleure tournure quand, à la suite d'observations qui lui furent faites sur la nudité de certaines figures, Ingres les retoucha et les violenta sans succès.

La Révolution de février 1848 interrompit le travail du peintre; la crise passée, ses amis pensèrent que s'il était lié par un traité en règle lui fixant un délai pour l'exécution, il terminerait son Age d'or.

Le travail des peintures n'avançait point; un accommodement fut tenté par M. Gatteau. On se rendit chez Mᵉ Thiac (1), notaire, et, le 4 juin 1849, on rédigea un acte dans lequel il est dit que Ingres continuera son travail, pour lequel il avait été stipulé une rémunération de 70,000 francs, jusqu'à son complet achèvement, l'Age d'or devant être terminé en juin 1851 et l'Age de fer en 1854; Ingres avait reçu 20,000 francs, les 50,000 francs restant devaient lui être versés : 15,000 fr. après l'achèvement de l'Age d'or, 20,000 francs à moitié de l'Age de fer, et les 15,000 francs de solde après complet achèvement. Ingres se réservait la faculté de renoncer à son travail par des motifs dont il serait seul juge.

Ces deux peintures devaient rester la propriété du duc de Luynes.

Mᵐᵉ Ingres mourut le 27 juillet 1849.

Ce triste événement suspendit encore les travaux. Au commencement de 1850, le duc de Luynes lui fit demander s'il comptait reprendre le travail commencé ; Ingres répondit qu'il renonçait définitivement à l'exécuter.

Le découragement s'était emparé de lui ; le 7 mars 1850, devant Mᵉ Thiac, notaire, il résiliait son traité du 4 juin 1849 : le duc de Luynes autorise Ingres à abandonner son travail; de son côté, Ingres reconnaît que les 20,000 francs qu'il a reçus l'indemnisent suffisamment.

Le duc de Luynes se réserve le droit de détruire ou de faire continuer les peintures.

Les parties n'auront aucune répétition à exercer l'une envers l'autre.

On pouvait cependant prétendre qu'en droit rigoureux, le propriétaire du château, qui s'était privé d'en jouir pleinement pendant sept ou huit ans, après s'être imposé d'énormes dépenses (environ 400,000 fr.) pour construire et embellir une galerie, était fondé à réclamer des dommages-intérêts.

Mais c'eût été méconnaître le duc de Luynes que de lui

____

(1) *Gazette des Beaux-Arts.*

supposer une pareille pensée; le duc se réservait le droit de
détruire les peintures commencées ou de les faire continuer
comme et par qui bon lui semblerait.

Le duc de Luynes songea un moment à faire terminer
l'ouvrage par Hippolyte Flandrin, mais Flandrin refusa; il
pensa alors à détacher la peinture du mur, à la reporter sur
toile et à l'offrir à un musée, mais des gens spéciaux décla-
rèrent que la chose était matériellement impossible.

Le duc conserva donc son Age d'or, qu'il couvrit de deux
rideaux de velours cramoisi.

Le fond du paysage est très bien exécuté par Desgoffe (1).

Les peintures ont été faites à l'huile. On peut dire que Ingres
inventa sa composition au fur et à mesure qu'il la peignit; aussi
est-elle un peu décousue et morcelée en épisodes.

Les dessins de l'Age d'or ont été légués par Ingres au musée
de Montauban, sa ville natale (2). Sur la paroi longitudinale
faisant face à l'Age d'or, devait être représenté l'Age de fer
sous la forme d'un combat livré dans une acropole pélasgique.
Il n'y a d'ébauché, pour marquer l'intention de la composition future, que l'architecture du temple et de son enceinte;
ce travail était l'œuvre de Pichon, d'après les dessins de
Duban. Le duc de Luynes ressentit toujours une vive contra-
riété de ce qu'un des rêves les plus chers de sa vie n'avait
pu être réalisé, et ses amis le comprenaient si bien que
jamais ils ne firent allusion devant lui à l'Age d'or de Ingres.

Le duc de Luynes y fit appliquer une autre tenture de
velours à laquelle il suspendit la panoplie qui avait fait longtemps l'ornement de son cabinet de Paris, des armes orientales d'un travail exquis. Parmi les armes qui figuraient dans
cette panoplie, on remarquait, avant 1862, une grande épée
de tournoi attribuée, par les uns, à Boabdil, roi arabe d'Espagne, par les autres à son fils; sur des plaques émaillées,

(1) Alexandre Desgoffe, paysagiste, élève d'Ingres, né en 1805.
(2) *Gazette des Beaux-Arts.*

cette épée, qui fut comprise dans le don fait à la Bibliothèque nationale, portait la devise : *Il n'y a de victoire qu'en Dieu.*

Au-dessous de cette panoplie, étaient exposées sur une table trois coupes à anses en matière précieuse ; la première en saphir, la deuxième en cristal de roche, la troisième en jaspe sanguin, toutes trois servant de support aux ornements les plus délicats.

Deux de ces coupes furent léguées par le duc de Luynes à deux de ses parents; ces bijoux avaient été exécutés par Morel.

Au fond de la galerie, vers la baie qui donne sur le parc et se détachant sur l'un des magnifiques rideaux fabriqués à Lyon, se trouve un Mercure de bronze, coulé d'après un antique du musée de Naples.

Parmi les autres curiosités du musée de Dampierre, on signale une grande broderie en soie écrue sur toile de coton de l'Inde, représentant des sujets de guerre et de chasse ; guerriers et chasseurs sont vêtus à la mode de la fin du XVIe siècle ; des animaux : éléphants, rhinocéros, lions, tigres, orangs-outangs, singes, sont représentés avec une vérité surprenante.

On suppose que cette tapisserie, qui vient du château d'Esclimont, aurait été donnée à Louis XIII, et que c'est une œuvre exécutée par les dames portugaises de Malaga.

LA MINERVE DE SIMART

L'insuccès de l'Age d'or ne fit pas cependant renoncer le duc de Luynes au projet qu'il avait conçu de placer dans la galerie restaurée par Duban une œuvre d'art en rapport avec le cadre préparé par l'architecte.

En 1853, les fouilles de Beulé, à Athènes, ramenaient l'attention du monde savant sur l'Acropole et sur la célèbre statue de Minerve, que renfermait l'Acropole : les recherches de Quatremère, les médailles réunies par le duc de Luynes permettaient de reconstituer, dans une certaine mesure, les traits de la déesse protectrice d'Athènes et les ornements dont elle était revêtue.

Le duc de Luynes songea à faire reproduire par la statuaire moderne le chef-d'œuvre de Phidias ; il s'adressa pour cette œuvre délicate au statuaire Simart, né à Troyes en 1806, qui avait particulièrement étudié l'art grec et cherché à rappeler les premières productions de cet art (1).

Simart fut donc prié d'exécuter, pour être mise à la place d'honneur de la galerie de Dampierre, la Minerve chryséléphantine, c'est-à-dire moitié or, moitié ivoire.

L'Athena Parthénos ou Minerve Parthénos, la plus fameuse et la plus admirable des statues antiques, était d'un caractère mixte, pacifique par l'attitude et l'expression, guerrière par les attributs qui étaient, entr'autres, le casque, la lance, l'égide et le bouclier. Cette dernière statue, toute en or et en ivoire, passait pour le chef-d'œuvre de Phidias. L'or vert était marié à l'or rouge.

La déesse était debout, vêtue d'une simple tunique ouverte sur le côté et serrée à la ceinture. Elle avait, sur la poitrine, l'égide garnie d'écailles et bordée de serpents, avec le masque de Gorgone au milieu.

La tête était coiffée d'un casque très orné et où se voyait un sphinx entre deux griffons. La main gauche, tenant la lance, reposait sur le bouclier où était figuré le combat des

(1) Du *Figaro* (27 mai 1901).

Un intéressant essai de sculpture chryséléphantine vient d'être fait par M. d'Epinay.

L'éminent artiste a exécuté une *Jeanne d'Arc* debout, dans une attitude méditative, et les matières qu'il a employées pour cette statue de grandeur nature sont, avec le marbre, l'ivoire et l'argent.

Il n'existe, croyons-nous, que deux autres pièces de sculpture chryséléphantine, œuvres de deux maîtres : la première date d'une soixantaine d'années, et c'est la *Minerve* qu'exécuta Simart à la demande du duc de Luynes et qui est au château de Dampierre.

La seconde, due au ciseau de Denys Puech, est une *Pensée moderne*, dont quelques amis seulement ont pu admirer la beauté d'exécution et la richesse de matière, dans son atelier, et que le public ne verra malheureusement pas, car cette œuvre a été demandée à l'artiste par un amateur jaloux de ses collections.

Grecs et des Amazones, et derrière lequel se dressait le serpent Ericthonius. Le bras droit, tendu en avant, soutenait une petite Victoire ailée, posée obliquement et semblant voler au-devant de la déesse. Le combat des Lapithes et des Centaures était gravé sur les semelles de la chaussure.

Les vêtements étaient d'or, les nus d'ivoire ; les yeux étaient formés de deux pierres précieuses.

On démontait le colosse tous les six mois.

Au IVe siècle de notre ère, ce chef-d'œuvre disparut.

Simart suivit la description de Pausanias et les médailles antiques qui furent mises sous ses yeux.

La statue de Phidias avait trente-sept pieds de hauteur ; Simart donna à la sienne trois mètres. Les parties qui étaient en ivoire dans le chef-d'œuvre de Phidias ont été reproduites en ivoire ; tout le reste est en argent doré, sauf la lance et le bouclier qui sont de bronze doré ; dans les yeux sont incrustées des pierres d'azurite figurant la prunelle. Pour l'attitude et l'expression, le statuaire s'est inspiré d'un camée d'Aspasios ; Minerve porte la Victoire dans sa main droite ; la gauche tient la lance, tout en s'appuyant sur le bouclier dressé à ses pieds. Les sculptures des deux faces du bouclier représentent le combat des Dieux et des Géants, le combat des Amazones. Pour le casque, Simart a figuré au milieu le sphinx, des deux côtés un griffon et, sur la visière, huit chevaux lancés au galop : sur les semelles des brodequins se déroulent les combats des Centaures et des Lapithes.

La statue de Simart figura à l'Exposition universelle de 1855.

Elle fut l'objet de grands éloges et de vives critiques.

Les critiques de Beulé (1) furent particulièrement acerbes ; il semble qu'il y ait eu de la part du célèbre critique d'art quelque chose de personnel ; Beulé eût peut-être été plus

____

(1) *Revue des Deux-Mondes*, 1er février 1856.

bienveillant si on avait eu recours à ses conseils d'helléniste ou si on s'était inspiré de ses écrits.

Beulé reproche à la Minerve exposée au palais des Beaux-Arts la profusion des ornements ajoutés au casque. Un sphinx et deux griffons s'étendent sur le sommet arrondi ; ils supportent trois vastes panaches. Deux têtes d'Apollon à la chevelure rayonnante ornent les garde-joues ; ils forment un épais bourrelet plein de trous et de saillies qui écrase le front de la déesse et en écarte la lumière ; les boucles mêmes de la chevelure, en or comme le casque, se masquent avec lui pour charger davantage la tête et le cou d'ivoire.

Beulé critique aussi le collier qui couvre la poitrine de la statue et les pendants d'oreilles dont la statue de Minerve n'aurait pas été parée, parce que ces ornements ne sont pas mentionnés dans les auteurs.

Le visage de la déesse ne trouve pas davantage grâce devant M. Beulé. Le profil est imité de la pierre gravée, les lignes ont de la pureté et du caractère ; le nez droit, la bouche peu saillante, le menton fortement accusé de la déesse se rencontrent dans des milliers de monnaies et de vases ; seulement un artiste du grand siècle eût présenté l'œil un peu de trois quarts afin de lui donner plus de grandeur et d'en faire sentir le globe arrondi, il eût surtout prolongé en la rabaissant l'arcade sourcilière, afin de donner aux tempes plus de dégagement. La hauteur du front nous paraît le signe extérieur de l'intelligence : les Grecs, au contraire, sont pour le front bas, mais ils en développaient la convexité ; ils obtenaient ainsi sur les tempes ces beaux plans où se joue la lumière, symbole de la pensée.

Qui reconnaîtra le style de Phidias dans l'égide courte et sans ampleur, tirée symétriquement comme la guimpe d'une jeune fille. La tête de Méduse est copiée sur les vases et les terres cuites, mais ce monstre grimaçant n'avait-il pas été idéalisé par Phidias.

Beulé reproche à Simart d'avoir choisi l'ivoire mort, c'est-à-dire une défense tombée après sa maturité ; tandis que l'ivoire vert, c'est-à-dire la défense arrachée avant sa complète croissance, est plus favorable au travail de l'artiste. Simart ne savait pas creuser l'ivoire, déclare Beulé.

Considérant le visage de la Minerve, il cherche en vain les contours moelleux et l'épiderme vivant de l'ivoire. Sa teinte est blême ; les colliers et les pendants d'oreilles rendent plus sensible encore cette pâleur.

Ce qui est vrai pour le visage, ne l'est pas moins pour les bras de la Minerve ; ils offrent de bonnes parties, par exemple les parties pleines et arrondies où l'office naturel de l'ivoire concourt à faire valoir le talent de l'artiste. Assurément, le haut des bras a une grâce pleine d'ampleur ; leurs attaches avec les épaules sont puissantes et d'un caractère vraiment noble. Malgré son indécision, le bras qui porte la Victoire a d'heureux contours. Au contraire, les parties où le travail est compliqué, où les détails délicats doivent paraître, les muscles se dessiner sous la chair, les articulations se nouer finement, tout cela est vide, paralysé, sans vraisemblance. Les mains sont lourdes, les poignets sans liberté ; les faces antérieures des avant-bras paraissent aplanies au rabot et d'une simplicité toute primitive.

Beulé aurait voulu que Simart eût coloré l'ivoire en choisissant des teintes de convention....., une fente menace de se déclarer dans le cou de la Minerve ; une grande surface d'ivoire jaunit par place, se salit, s'écaille. Les Grecs prenaient des précautions inouïes ; ils entouraient les statues d'eau, de peur que la sécheresse ne les fît éclater, d'huile pour empêcher leur décomposition.

Ce que Beulé dit pour l'ivoire, il le dit également pour l'or, qui ne doit pas être travaillé comme le marbre et le bronze.

..... La tunique n'est rien moins qu'un tissu d'or et de lumière ; le métal est à peine reconnaissable, si pâle qu'il se refuse aux sourires de la lumière et l'absorbe tristement.

« La générosité de M. de Luynes, dit-il, sera citée dans l'histoire de l'archéologie au XIXᵉ siècle ; j'espérais que la statue elle-même serait mémorable dans l'histoire de l'art par l'influence qu'elle aurait exercée.

« J'ai sous les yeux, ajoute Beulé, une planche que M. le duc de Luynes a bien voulu me communiquer ; il y a réuni les monnaies d'époques et de pays divers, sur lesquelles est représentée Minerve en pied portant une Victoire dans sa main étendue. Il est permis d'y voir une réminiscence du célèbre type de Phidias. Eh bien ! ici la Victoire est tournée vers la déesse, là vers la foule, plus loin elle se présente de face. Tantôt la pointe de ses ailes est dressée vers le ciel, tantôt elle est baissée vers la terre, ou bien elle offre une couronne, ou bien elle étend une simple guirlande qui doit ceindre le front de Minerve. Le serpent qui se voit sur la monnaie d'Athènes a été omis ailleurs. Les boucliers sont indifféremment à côté de la déesse, devant elle, derrière elle, tenus ou abandonnés, décorés au centre d'une tête de Méduse ou tout unis : la Victoire désarme un peu Beulé.

« Il me faut du courage pour ne pas admirer la petite Victoire, car elle est charmante. Mais le torse entièrement nu, la tunique que la saillie des hanches ne peut déjà plus retenir, sont contraires à la tradition athénienne du beau siècle..... La Victoire était une forme de Minerve, or Minerve était dans un temple ; il était naturel qu'elle fût entièrement vêtue. Le serpent est beau ; ses plis sont largement enroulés, son attitude a quelque chose de grandiose et de mystérieux ; toutefois, Pausanias le place près de la lance. »

M. Alphonse de Calonne, lui, dans la *Revue contemporaine*, numéro d'août-septembre 1855, ne tarit pas d'éloges, au contraire, sur la Minerve de Simart.

Il étudie d'abord les textes que Simart a consultés pour exécuter son œuvre. C'est d'abord Pausanias qui fournit une description de la Minerve de Phidias.

« La statue de Minerve, dit-il, est d'ivoire et d'or. L'image d'un sphinx est placée au milieu de son casque, de la forme appelée cranos, c'est-à-dire prenant la forme du crâne. De chaque côté du casque, il y a des griffons en bas-relief..... La statue de Minerve est debout, en tunique talaire, et, sur la poitrine, elle porte la tête de Méduse, en ivoire. La Minerve a quatre coudées de hauteur. D'une main, Minerve tient la lance, et, près de ses pieds, est placé son bouclier; près de sa lance, est un dragon. Sur le piédestal est sculptée, en bas-relief, la création de Pandore. »

Ailleurs il dit : « Dans le temple de Thésée étaient peints les Athéniens combattant les Amazones, qui étaient aussi représentées sur le bouclier de Minerve et sur la base du Jupiter olympien. »

Il passe ensuite en revue les textes de Pline, de Plutarque, de Diodore de Sicile, puis les monnaies dont Simart s'est inspiré; il affirme que le sculpteur n'a pas commis une seule erreur, et critique vivement Beulé.

« Aussi, ajoute-t-il, Simart a-t-il accepté, avec raison, le casque cranos, surmonté d'un sphinx et de deux griffons servant d'appui à trois lophos, les huit coursiers symboliques, ornement de la visière; la face d'Apollon rutilant, en relief sur les garde-joues; le front couvert, les cheveux tombant en quatre boucles sur les épaules; l'égide ornée de serpents et revêtue d'écailles.

« Au centre de l'égide, Simart a, comme Phidias, sculpté en ivoire la tête de la Gorgone..... Il a donné à sa Minerve une Victoire d'un mouvement et d'un dessin harmonieux et charmant; peut-être aurait-il pu diriger l'extrémité des ailes vers le ciel, mais il avait à craindre de leur donner trop d'importance. Les Victoires drapées sont anciennes, mais les Victoires demi-nues le sont aussi; Simart était en droit, comme il l'a fait, d'opter pour le nu.

« Pour la partie inférieure de la statue, la tâche de Simart était bien moins difficile. Il s'agissait de faire tomber depuis la ceinture jusqu'aux pieds cette statue talaire, peu favorable au jeu varié des draperies, mais essentiellement noble et hiératique.

« Le bras droit étendu et portant la Victoire, la main gauche
posée sur le bouclier et tenant la lance ; le serpent symbo-
lique d'Erecthée à droite ; aux pieds, la chaussure thyrré-
nienne, et sur la tranche de ses semelles épaisses, sculpté en
relief, le combat des Lapithes et des Centaures — tous ces
détails sont d'une rigoureuse exactitude.

« Pour le bouclier, Simart a encore bien interprété les textes :
nous voyons en effet, au centre, un vieillard chauve qui lance
une pierre contre une Amazone, et, au-dessus, la chouette
emblématique tenant dans ses serres la palme destinée au
vainqueur.

« La frise est un des plus parfaits morceaux de la sculpture
moderne. L'artiste a saisi, avec bonheur, le style des cava-
liers du Parthénon. Au sommet, on voit Thésée et, près de lui,
Antiope blessée par Molpadia, en combattant près de son
époux. Puis viennent les compagnons de Thésée, Phalerus,
Eribotus, Pirithoüs, luttant et repoussant les Amazones ;
parmi eux, à gauche, une figure d'une grande élégance, le
visage caché par la main qui tient le glaive, c'est Périclès. Au-
dessous, une autre figure d'homme, vue de face, les yeux et
la bouche ouverts, les cheveux hérissés : c'est la Peur,
Phobos, à laquelle Thésée avait sacrifié avant de livrer
bataille aux Amazones. Les autres divinités qui prennent
part à la lutte sont Neptune, Apollon Lycien, caractérisé par
le loup qui l'accompagne, Vulcain, Minerve, toujours noble
et drapée, la Terre olympienne, Bacchus, Lenaeus.

« Sur le revers concave du bouclier, Simart a sculpté en
plat le combat des dieux et des géants. Ainsi, l'on voit, par
groupes, Hercule aux prises avec Alcyonée, Porphyreus fou-
droyé par Jupiter, Apollon frappant de sa flèche l'œil gauche
d'Ephialtes, Bacchus tuant Eurytus de son thyrse, Vulcain
assommant Clytius avec une masse enflammée, Minerve jetant
la Sicile sur Encelade fuyant, et Neptune l'île de Cos sur
Polybote. Une partie de ces richesses est malheureusement
perdue pour l'œil. »

M. de Calonne passe ensuite aux bas-reliefs du piédestal, dont l'un retrace la naissance de Pandore. « Au centre de la composition, Pandore sort des mains de Vulcain ; elle est drapée de la tête aux pieds ; la partie inférieure du corps n'est pas encore animée, mais le buste respire déjà et la tête, d'une exquise élégance, s'incline et s'anime aux caresses de Vénus. Minerve à gauche, noble, majestueuse et sévère, lui attache la ceinture virginale ; ses sages conseils sont perdus, Pandore n'écoute plus sa voix. Derrière, Mercure, au visage rusé et narquois, étend son thyrse sur la jeune fille et verse dans son sein des dons pernicieux. A droite, après Vénus demi-nue, viennent les Grâces vêtues : l'une, accroupie, lui attache son bracelet, une autre se dépouille de son collier pour le lui donner, la troisième lui apporte d'autres ornements. Devant celle-ci Pitho verse sur la tête de la perfide créature les trésors de la persuasion. Du même côté droit, Neptune, la tête appuyée sur la main, assiste à cette scène, Amphytrite est debout auprès de lui. A l'extrémité opposée du tableau sont Jupiter et Junon. Au troisième plan, l'Automne avec un cep, le Printemps chargé de fleurs, une figure nue de l'Eté ; tel est le tableau qui décore le côté principal du piédestal.

« Les tableaux qui décorent les autres côtés sont fort simples : vingt divinités assistent à la création de Pandore ; à gauche, Apollon, dieu de l'art, qui complimente Vulcain en présence de Diane, sur son œuvre ; à gauche, Mars. »

M. de Calonne termine en approuvant le mélange heureux, suivant lui, de l'or et de l'ivoire, en s'extasiant sur la figure de la Minerve qui est du plus beau style ; « la tête, dit-il, est d'une sévérité de lignes tout antiques..... Les bras sont fort admirés, et il est difficile de voir des attaches plus amples et plus solides. ... La poitrine est large, solide, d'une saillie modeste... La taille est faite pour porter l'égide, les flancs pour se draper dans la longue tunique. »

Théophile Gautier ne paraît pas partager le sentiment de Beulé :

« La tête au profil ferme et sévère, dit-il, a bien l'expression
de sérénité froide et de virginité dédaigneuse qui convient à
la plus chaste divinité de l'Olympe. Des boucles d'oreilles
d'or et des pierres précieuses accompagnent les joues pâles
de la déesse; les bras, taillés d'une seule pièce dans deux
énormes défenses d'ivoire fossile, sont d'une rare beauté; la
transparence éburnéenne, traversée de veines bleuâtres et de
blancheurs rosées, joue la chair à faire illusion; on croirait
voir la vie courir sous cette belle substance si polie, d'un grain
si fin, qui imite le derme délicat d'une jeune femme. La tunique, d'un or pâle, descend à plis simples et graves et fait
le plus heureux contraste avec les teintes blanches de l'ivoire.
Les bas-reliefs du bouclier et des sandales ont bien le caractère hellénique, et le serpent Ericthonius enroule d'une façon
pittoresque ses écailles d'or vert. Au lieu de la Méduse de l'é-
gide, M. Simart, se fondant sur certains textes, a mis un
masque d'Hécate dont la bouche, au rictus monstrueux,
laisse passer quatre crocs, symboles des quatre quartiers de
la lune; nous doutons que Phidias ait placé sur la virginale
et robuste poitrine de sa déesse ce mascaron grimaçant, rele-
vant plutôt des religions symboliques de l'Asie que de l'art
grec. La Victoire que Minerve tient dans sa main et qui fait
éperdument palpiter ses frissonnantes ailes d'or, est la plus
délicieuse statuette chryséléphantine que l'on puisse rêver, et
M. Simart a cette ressemblance avec Phidias d'avoir principalement réussi cette figurine. »

Il en est de même de M. Huillard-Bréholles, qui s'exprime
ainsi :

« Dans la galerie, en avant des rideaux qui cachent la peinture de M. Ingres, se dresse, sur un piédestal de marbre blanc
orné de bas-reliefs, la statue de Minerve en ivoire et en métal,
exécutée par Simart, d'après les indications de M. de Luynes.
C'est une reproduction réduite au quart environ de ce qu'était
ou de ce qu'on pense avoir été, suivant les descriptions des

6

anciens, la célèbre Minerve du Parthénon... Cette statue, placée à l'Exposition de 1855 dans un mauvais jour, fut l'objet de vives critiques; mais, placée maintenant sous le jour et dans le milieu qui lui conviennent, la pâle déesse d'ivoire se détache énergiquement du cadre à la fois éclatant et doux qui l'entoure. Son regard sévère vous suit et vous domine, on dirait qu'une flamme intérieure anime cette raideur majestueuse, qu'une force secrète va se révéler et communiquer le mouvement à ces plis immobiles.

« Ce qui frappe enfin, c'est la figure, et l'œil ne s'arrête qu'après sur les ornements qui la décorent; elle n'en est donc pas écrasée... La Minerve chryséléphantine restera une tentative unique en son genre et offrira un spectacle attachant à la postérité. »

Charles Blanc critique la place qu'elle occupe dans la galerie, mais cette place a été absolument voulue par le duc de Luynes :

« Pour rendre invisible l'œuvre de Ingres, le duc de Luynes a placé au beau milieu du tableau et tout contre le mur une statue colossale, la Minerve chryséléphantine de Simart, dont la place était si bien marquée sur le petit côté de la galerie de telle sorte que, le rideau tiré, il est encore difficile de voir le morceau le plus aimable de l'Age d'or, la danse en rond des jeunes filles. »

C'est la statue de Minerve qui inspira la célèbre prière de Renan sur l'Acropole, laquelle débute ainsi :

« O noblesse, ô beauté simple et vraie ! déesse dont le culte signifie raison et sagesse, toi dont le temple est une leçon éternelle de conscience et de sincérité, j'arrive trop tard au seuil de tes mystères ! »

Ce fut Henri Duponchel qui, associé à Morel, dirigeait une importante maison d'orfèvrerie, exécuta la statue en pierres précieuses.

A l'Exposition de 1855 il obtint, pour ce travail, une première médaille.

Salon de la Minerve (d'après une photographie de la maison Fayard).

Le travail de Duponchel, orfèvre qui réunissait l'initiative et le goût, est évalué à plus de 200,000 francs.

LA CHAPELLE

De la galerie de l'Age d'or, les membres de la Société archéologique se rendent à la chapelle du château.

On voit, dans la chapelle, de fort intéressants tableaux : la Femme adultère par Nicolas Poussin (1) (1594-1665); c'est vers 1644 que Poussin peignit la Femme adultère (la bonté indulgente opposée à la malignité); dans cette œuvre, Poussin s'est surtout appliqué à faire ressortir le côté touchant de la scène qu'il reproduit; près de la Femme adultère se trouve un Enfant Jésus attribué à Rubens; Bouchardon (1698-1762) est représenté dans la chapelle par un beau Christ en ivoire, et Fromanger (né en 1805) par cinq statuettes en bois sculpté ; la balustrade en bois doré faisait partie autrefois de la chambre réservée à la Reine; les boiseries sont de Plantard.

LA SALLE A MANGER

La Société archéologique, en quittant la chapelle, descend à la salle à manger du château de Dampierre, au rez-de-chaussée.

La décoration de cette salle consiste en quatre toiles du peintre Guignet jeune (Jean-Adrien), né à Paris le 21 janvier 1816, mort en 1854; le duc de Luynes s'intéressait à ce jeune homme, qui avait exposé à plusieurs Salons et était doué d'un véritable talent.

Le château de Dampierre conservera la mémoire de ce peintre, qui exécuta pour le duc de Luynes les quatre toiles dont nous venons de parler ; le premier de ces tableaux représente Agar et Ismaël.

Le sujet d'Agar est tiré de la Bible : Agar, qui a eu d'Abraham un fils, chassée dans le désert, voit son fils Ismaël mou-

____

(1) L'original est au Louvre.

rant de soif tombé sur le sable ; elle s'éloigne pour ne pas voir Ismaël, quand un ange lui montre une source d'eau vive où elle peut se désaltérer avec son fils. Le second est le Festin de Balthazar : le dernier roi de Babylone, assiégé par Cyrus dans Babylone, se fait apporter dans une orgie les vases sacrés du temple de Jérusalem ; il voit une main qui écrit sur la muraille les mots : *Mané, Thécel, Pharès,* qui signifiaient sa ruine prochaine.

Le troisième est la Défaite d'Attila, roi des Huns, par Aétius, général romain, dans les champs catalauniques, près de Châlons-sur-Marne, en 451.

Le dernier tableau, que Guignet n'eut pas le temps d'achever, surpris qu'il fut par une mort prématurée, nous transporte aux jardins enchanteurs dans lesquels Armide, une des plus séduisantes héroïnes de la *Jérusalem délivrée* du Tasse, retient le beau Renaud loin de l'armée des Croisés.

Guignet a rendu avec une grande énergie de sentiment le Festin de Balthazar ; il a traité le Jardin d'Armide avec une fraîcheur charmante de coloris.

Le surtout de table en argent repoussé, exécuté sur la demande du duc de Luynes par l'orfèvre le plus habile de notre siècle, Froment-Meurice (1802-1855), sur les dessins du sculpteur Jean Feuchères (1807-1852), avait été prêté par Mme la duchesse de Luynes à l'Exposition universelle de 1900 ; ce surtout est considéré comme une des œuvres les plus remarquables de Froment-Meurice.

Dans la salle à manger en noyer se trouvent :

Gaston d'Orléans, par Van Dyck ;

Un comte de Bullion, par Philippe de Champaigne ;

Un cartel, don royal ;

Un buste de Louis XV, don de la Reine.

Dans un autre appartement, on voit :

Le portrait de la duchesse de Luynes, née Pignatelli ;

Un dessus de porte de Joseph Vernet.

La salle de billard est l'ancienne chambre de la Reine.

Les dessus de portes de cette salle de billard sont de Boucher.

Nous entrons dans la salle dite de Louis XIII, sur laquelle nous reviendrons tout à l'heure.

SALON SUR LE PARC

Nous traversons un superbe salon magnifiquement décoré, qui donne sur le parc ; ce salon est revêtu de lambris à médaillons dorés dont les sculptures, prises dans la masse, sont exécutées suivant le goût de la même époque.

Sur une console, en face de la cheminée, est habituellement placée une aiguière de grande dimension, que Mme la duchesse de Luynes avait également prêtée à l'Exposition universelle de 1900.

Le sujet de cette aiguière est le combat des Centaures et des Lapithes, que Simart a retracé sur la semelle des chaussures de la Minerve.

Un Bacchus ivre est sculpté sous l'anse, formée par un cep de vigne où grimpe un enfant qui s'apprête à exprimer le jus d'une grappe dans la coupe du dieu. Ce vase, en argent repoussé, a été exécuté en 1847 par le célèbre ciseleur et orfèvre français, Antoine Vechte (1799-1868), le glorieux rival de Froment-Meurice.

Précédemment, le duc de Luynes avait commandé à Vechte un vase d'argent repoussé, Neptune et Galathée, entourés de Tritons et de Sirènes, qui avait commencé sa réputation.

Dans son rapport de 1851 sur l'industrie des métaux, le duc de Luynes avait décerné les plus vifs éloges à Vechte, à l'occasion de ce vase dont le Bacchus, disait-il, rappelait le style de Jules Romain.

Il faut dire que le duc de Luynes avait fourni à Vechte le sujet et l'agencement général de la composition.

Le duc de Luynes eut à se plaindre de Vechte, le vase ayant été reproduit sans l'autorisation du duc, qui l'avait payé pour être unique.

SALON SUR LA COUR

Le salon qui donne sur la cour fait suite au précédent.

Ce salon renferme une œuvre intéressante de L. Vassé, le sculpteur.

C'est au père de Vassé, sculpteur sur bois, que nous devons les boiseries de l'hôtel de Toulouse (aujourd'hui Banque de France), et celles du château de Rambouillet ; le fils fut un des sculpteurs les plus occupés du XVIIIe siècle ; à la fin de sa carrière, en 1771, il exposa le buste de François Quesnay.

La Naïade en marbre surmontant une fontaine toujours jaillissante qui orne le salon de Dampierre, figura pour la première fois au Salon de 1761 ; elle est ainsi décrite dans le livret :

Par M. Vassé, professeur.

« Salon de 1761, n° 121. Une nymphe sortant de l'eau et l'exprimant de ses cheveux. Ce modèle, de cinq pieds deux pouces de proportion, doit être exécuté en marbre et faire partie de la décoration du salon de M. le duc de Chevreuse, à Dampierre. »

Bien que son père, le duc de Luynes, l'historien, le petit-fils de Dangeau, fût mort depuis 1758, son fils était encore désigné en 1761 comme duc de Chevreuse ; il n'était autorisé qu'en 1762, par Louis XV, à porter le titre de duc de Luynes.

Cette œuvre de Vassé, qui est bonne, n'excita cependant pas, au Salon de 1761, l'admiration de Diderot, qui s'exprime ainsi sur ce sculpteur, dont de nombreuses œuvres étaient exposées :

« Huit ou dix morceaux de Vassé et pas un qui m'ait frappé. La sculpture n'offrant jamais qu'une figure isolée ou qu'un groupe de deux ou trois, je crois qu'on y souffre moins encore la médiocrité qu'en peinture. Le buste du père Le Comte n'est assurément point une mauvaise chose, ni la nymphe qui se regarde dans l'eau (c'est une autre œuvre que celle qui était destinée au duc de Chevreuse), ni le vase, ni les autres morceaux ; mais que m'importe que vous soyez supportable, si l'art exige que vous soyez sublime? »

Mais Diderot est bien difficile.

LE SALON DE LOUIS XIII

Revenons au salon de Louis XIII.

En restaurant son château, le duc de Luynes voulut donner la première place à la reconnaissance de sa famille envers Louis XIII, auquel elle devait toute sa fortune. Louis XIII avait été le bienfaiteur de Charles d'Albert, duc de Luynes, pair de France, grand fauconnier, garde des Sceaux, chevalier des ordres du Roi, connétable de France, etc., qui naquit dans le Comtat-Venaissin en 1578, et eut pour parrain, en 1592, le roi Henri IV. Tout d'abord, Charles d'Albert avait été reçu au nombre des pages de la chambre du Roi, mais Henri IV avait été si satisfait de lui qu'il l'avait attaché, dans la suite, au Dauphin, plus tard Louis XIII. Charles d'Albert avait gagné les bonnes grâces du Dauphin qui, monté sur le trône en 1610, le combla d'honneurs et de biens ; gentilhomme ordinaire de la Chambre du Roi, Luynes obtint, le 1er mai 1615, le gouvernement d'Amboise, fut nommé le 7 novembre 1616, grand fauconnier de France ; le 25 avril 1617, le lendemain de la mort de Concini, premier gentilhomme de la Chambre, et, le 16 mai de la même année, capitaine de cent hommes d'armes ; le comté de Maillé fut érigé en duché-pairie sous le nom de Luynes (1), au mois d'août 1619. L'office de connétable de France lui fut donné en 1620, et, le 2 avril de cette même année, il reçut l'épée de connétable. Luynes mourut après la prise de Monheurt, au château de Longueville, le 15 décembre 1621 ; son corps fut porté et inhumé dans une église du duché de Luynes. Il avait épousé Marie de Rohan, qu'il laissait veuve à vingt ans et dont il avait deux enfants, un fils et une fille.

(1) Terre de Luynes (Indre-et-Loire).

Peu d'hommes furent aussi attaqués que lui ; jusqu'en ces derniers temps la mémoire du connétable de Luynes eut fort à souffrir ; tous les historiens qui parlèrent de lui furent sans pitié pour sa personne et pour le rôle qu'il joua. Longtemps la postérité le vit à travers les Mémoires du cardinal de Richelieu, qui lui succéda comme premier ministre, l'avait toujours détesté et chercha à le diminuer pour se grandir, et aussi à travers les historiettes méchantes de Tallemant des Réaux. Ce ne fut qu'en 1861, grâce à des documents nouveaux, que Victor Cousin réhabilita le connétable ; après lui, un savant historien, Berthold Zeller, arriva aux mêmes conclusions que Cousin, et l'on peut dire aujourd'hui que la figure du duc de Luynes brille d'un éclat absolument nouveau (1).

Le capitaine Luynes, dit Cousin, avait une petite seigneurie, Luynes (2), en Provence, entre Aix et Marseille ; il y joignit deux seigneuries du Comtat : Cadenet et Brantes.

Charles de Luynes (plus tard connétable) avait une figure si aimable qu'on disait de lui que, pour le haïr, il fallait ne pas le voir.

Il dressa, à l'usage du Dauphin, des oiseaux de proie, alors peu connus, nommés pies-grièches, qui fondaient sur les petits oiseaux et les rapportaient à leur maître.

Luynes avait trente-neuf ans quand il prépara la fameuse journée du 24 avril 1617 contre Concini.

Luynes hérita à peu près de l'ancien favori ; il devint premier gentilhomme de la Chambre, gouverneur d'Amiens, lieutenant général de la Normandie ; il eut aussi la confiscation du maréchal d'Ancre, c'est-à-dire sa fortune et celle de sa femme presque entière, accessoire accoutumé du succès des mœurs du temps, qui ne fut pas estimée au-dessous de 800,000 écus d'argent d'alors (3).

(1) *Journal des Savants* (1861-1863), articles de Cousin. *Le connétable de Luynes*, par Berthold-Zeller, Didier, 1879.

(2) C'est donc Luynes en Provence, et non Luynes (Indre-et-Loire), qui est l'origine du nom.

(3) Affirmations de V. Cousin, dans le *Journal des Savants*.

Luynes rappelait immédiatement les ministres de Henri IV.
Il s'effaçait pour faire paraître Louis XIII.

Victor Cousin nous montre Luynes, ami du roi Henri IV,
affranchissant Louis XIII de l'odieuse dépendance de Concini,
dont il précipite la perte le 24 avril 1617 et dont il prend la
place par un de ces coups d'Etat sanglants, fréquents au xvi[e]
siècle, faisant ensuite sortir de prison Condé pour l'attacher
au Roi, coupant court aux intrigues et aux révoltes de la
Reine-Mère, par le traité d'Angoulême et par celui d'Angers.
Oui, Luynes est un favori, dit Victor Cousin ; nous ne l'avons
point dissimulé et lui-même le savait parfaitement ; il savait
que sa fortune et son pouvoir reposaient sur la faveur de
Louis XIII, et cette faveur qui était toute sa force, il la défendait
avec une jalousie inquiète. Il ne laissa donc pas rentrer dans le
conseil Marie de Médicis, derrière laquelle il voyait Richelieu,
et même à son influence renaissante il eut l'art d'opposer celle
de la jeune Reine qui, par sa beauté, sa douceur, agréait de plus
en plus à son mari ; c'était lui qui avait conseillé au Roi de confier
à sa jeune femme le gouvernement de l'Etat en son absence, et
Anne (Anne d'Autriche, née en 1602, intime amie de Marie de
Rohan) avait été très flattée de cette marque de confiance.

Les favoris, ses rivaux, que Luynes écartait de l'intimité
du Roi, au lieu de les frapper durement, comme fit Richelieu
pour ses ennemis, il les éloignait en les comblant d'honneurs
et d'emplois : ainsi Degageant était nommé premier président de la Cour des Comptes de Grenoble ; Bassompierre,
ambassadeur en Espagne.

Vainement les amis de Bassompierre avaient-ils tenté
d'adoucir Luynes, Luynes fut inébranlable et s'expliqua de
sa jalousie à Bassompierre lui-même, qui rapporte sa conversation avec le puissant favori : « Il me dit, nous raconte Bassompierre, qu'il était comme un mari qui n'aime pas voir un
fort honnête homme courtiser sa femme ».

« Quelle carrière heureuse (1), quoique très laborieuse et très

(1) Victor Cousin.

agitée, Luynes avait parcourue depuis le jour où lui et ses
frères étaient entrés, avec bien d'autres gentilshommes, au
service d'un roi encore enfant, sans autre bien qu'un ardent
désir de se distinguer et d'avancer. Bientôt il avait trouvé le
secret d'agréer particulièrement au jeune prince. Deviné et
menacé par le maréchal d'Ancre et par la Reine-Mère, il avait
eu l'art de désarmer leurs soupçons à force d'adresse et de
condescendance. Puis Louis XIII, devenu majeur, s'indignant
chaque jour de voir un étranger régner à sa place, tout à
coup l'obscur favori jette le masque et, saisissant à propos une
occasion si favorable, se met à la tête d'une conspiration mi-
litaire, frappe le maréchal d'Ancre, écarte Marie de Médicis
et s'empare des rênes des affaires. Celui qui avait commencé
par amuser son jeune maître en lui dressant des pies-grièches,
était devenu premier ministre et apportait avec lui un gouvernement nouveau. Il avait rappelé les ministres de Henri IV
et repris avec eux au dedans et au dehors les desseins et la
politique du grand roi. Toutes les dignités et toutes les richesses qu'il avait successivement accumulées, il les avait
gagnées par d'incontestables services. En trois ou quatre
années, il avait rétabli en Europe la haute influence de la
France (1). »

Il avait pacifié au dedans sans prodiguer les exils et les
échafauds. S'il était mort à la fin de 1620, il serait mort au
faîte de la prospérité, rare modèle d'un bonheur constant à
travers tant d'orageuses et tragiques aventures... Il eût laissé
la mémoire d'un premier ministre qui, sans posséder dans
l'esprit et dans le caractère ces attributs de grandeur qui
commandent le respect et l'admiration des hommes, a fait
pourtant d'assez grandes choses et mérite une juste place
entre Henri IV et Richelieu, incomparablement inférieur à
l'un et l'autre, mais leur ayant servi d'utile intermédiaire et
formant un des anneaux de la chaîne des serviteurs de la
patrie et des fondateurs de la France nouvelle.

(1) *Journal des Savants.*

Mais l'année 1621 lui fut fatale; Cousin lui reproche deux fautes : la première, celle d'avoir changé le rôle qui lui appartenait d'homme d'Etat et de premier ministre pour celui de général et de connétable, dont il était incapable; la seconde, c'est d'avoir été chercher au loin les protestants du Midi, à Montauban, au lieu de les attaquer dans La Rochelle.

Cette année 1621, qui ne fut pas racontée par Cousin faute de documents, fut l'objet d'une étude importante de Berthold Zeller, mort en 1900; Zeller s'appuie sur des documents puisés au cours d'une mission à lui confiée par le gouvernement français en Italie.

Zeller raconte ainsi la mort du connétable : Au commencement de sa maladie, le connétable écrivit au Roi pour lui recommander ses enfants, s'il venait à mourir...; le Roi a fait parvenir des consolations au duc de Luynes; on lui a dit, de sa part, d'être bien assuré qu'il porterait toujours à ceux qui lui appartenaient la même affection qu'il lui avait portée et qu'il lui portait à lui-même.

Une nuée de pamphlets odieux s'abattit, pour ainsi dire, autour du lit du mort; quand il eut expiré, les bateliers qui descendaient son corps à Bordeaux s'acharnèrent à coups de pierres après sa dépouille, et quand on l'eut débarqué au port de la Lune, il ne se trouva pour le recevoir d'autre logis que celui d'un protestant (1).

Cet homme si grand, si puissant, dit un contemporain, se trouva tellement abandonné dans sa maladie, que, pendant deux jours qu'il fut à l'agonie, à peine y avait-il un de ses gens qui voulût demeurer dans sa chambre. Les portes en étaient ouvertes et entrait qui voulait, comme si c'eût été le moindre des hommes.

Le connétable de Luynes n'avait que quarante-trois ans :

(1) Le connétable Charles avait deux frères, Cadenet et Brantes, noms de seigneuries paternelles; l'un, Honoré fut l'auteur de la branche de Chaulnes, l'autre, Léon, de la branche des ducs de Luxembourg, et quatre sœurs, dont une fut religieuse; les autres se marièrent brillamment.

il avait dirigé entièrement les destinées de la France de mai
1617 à décembre 1621.

Berthold Zeller termine ainsi son ouvrage, publié en 1879 :

« L'histoire n'a pas jugé avec assez d'équité le connétable de
Luynes; elle lui doit une réparation. Son passage aux affaires
ne marque point assurément une époque glorieuse pour la
France, mais une transition utile entre les faiblesses de la
régence de Marie de Médicis et les grands actes du gouvernement de Richelieu, et nous ne croyons pas qu'en essayant de
faire envisager sous cet aspect le gouvernement du duc de
Luynes, nous ayons donné de son rôle, dans notre histoire,
une appréciation trop favorable. »

Ce fut donc en souvenir du connétable de Luynes que le
duc s'adressa à François Rude, âgé alors d'environ cinquante-
quatre ans, un de nos plus grands statuaires, l'auteur du
Mercure rattachant sa talonnière, du jeune Pêcheur napolitain,
du Départ des volontaires de 1792, trophée de droite de l'arc
de triomphe de l'Etoile; il commanda à Rude une statue de
Louis XIII en argent.

Rude avait terminé le modèle en plâtre de sa statue au
commencement de 1842.

Ce fut la maison Richard, Eck et Durand qui fut chargée
de la fondre en argent.

Nous possédons l'original de la convention signée avec les
fondeurs, et qui porte la date du 22 mars 1842 (1).

La statue à fondre en argent est Louis XIII adolescent;
cette statue a 1^m,70 de hauteur. Il sera payé aux fondeurs, pour façon de fonte, réparage et montage, la somme
de 12,000 francs.

Richard, Eck et Durand devront livrer la statue le 1er janvier 1843; ils se conformeront rigoureusement à l'original :
le titre du métal sera celui des monnaies françaises.

L'épaisseur du métal ne devra pas excéder 0^m,002 pour les

____

(1) Nous la publions dans l'appendice.

parties les plus minces; les parties les plus fortes auront 0^m,005.

Les sommes nécessaires à l'acquisition du métal ou lingots seront remises aux fondeurs par l'intendant du duc de Luynes.

Cette première convention était suivie d'une seconde avec les mêmes fondeurs : elle porte la date du 15 décembre 1842 ; cette convention a trait au piédestal de la statue, qui doit être fondu en bronze ; ce piédestal sera achevé le 1er avril 1843 et il sera payé aux fondeurs, pour ce travail, 10,000 francs.

Telle fut l'œuvre qui fut exécutée par Rude. Rude a reproduit les traits du jeune roi Louis XIII vers l'âge de seize ans, au moment où le duc de Luynes était en pleine faveur. Louis XIII, né le 27 septembre 1601, monté sur le trône en 1610, marié à quatorze ans, entrait dans sa seizième année, par conséquent, en 1617, alors que le duc de Luynes, âgé lui-même de trente-neuf ans, devenait tout-puissant ; c'est à ce moment-là, c'est-à-dire après la mort du maréchal d'Ancre, que Rude prend son modèle.

Par la simplicité de l'attitude et l'accent légèrement archaïque qui le caractérise, a dit Mantz, le Louis XIII de Rude rappelle, sans parti pris d'imitation, le Henri IV enfant, du baron Bosio (donné en 1829 par le Gouvernement à la ville de la Flèche) ; c'est une figure bien comprise et bien exécutée : le ton mat de l'argent est doux à l'œil, et le détail du costume, les dentelles et les broderies ont donné lieu à un travail de ciselure d'un goût spirituel et charmant.

C'est une des plus délicates œuvres de la sculpture contemporaine, pour laquelle Rude ne demanda que 6,000 francs.

Le duc de Luynes envoya à l'artiste 10,000 francs.

Rude est l'auteur d'un buste du connétable de Luynes.

« La statue de Louis XIII, écrit Huillard-Bréholles, est en argent, mais elle se recommande moins par le prix de la matière que par le mérite de la sculpture. Le jeune roi est représenté à l'âge de quinze ans, la tête couverte du feutre à longues plumes, du justaucorps et du petit manteau de l'époque,

botté, éperonné, tenant une baguette à la main, prêt à monter
à cheval. La tête, d'un modelé parfait, a été composée avec
un désir scrupuleux de ressemblance ; l'œil un peu vague, la
lèvre épaisse, les contours gras du menton laissent deviner
dans l'adolescent l'homme destiné à subir l'ascendant d'autrui. Cette statue est charmante de vie et de mouvement, c'est
presque un tour de force que d'avoir aussi habilement triomphé
des difficultés que présentaient l'obligation du costume et
l'absence d'action dramatique. Le piédestal en bronze décoré
de figurines aux quatre angles, le plafond de la salle armorié
et peint, les tapis, les tentures, tout cela est d'un luxe princier,
mais disposé avec tant d'art qu'une lumière graduée, en tombant
sur la statue, n'en fait que mieux ressortir toutes les finesses. »

L'inscription gravée sur le piédestal est ainsi conçue : A la
mémoire du roi Louis XIII — Honoré d'Albert, duc de
Luynes, 1843.

La décoration de cette salle n'a été achevée qu'à la fin
de 1845. Elle a coûté près de 97,000 francs.

Le Parc.

Le parc de Dampierre contient 364 hectares. Les parties
qui avoisinent le château furent longtemps les seules qui
fussent taillées et disposées pour le plaisir des yeux. L'ancien
parc que créa Claude de Lorraine, duc de Chevreuse, mort
en 1657, aurait été dessiné par André Le Nôtre, le célèbre architecte et dessinateur de jardins au XVIIe siècle (1613-1700).
Cet ancien parc était décoré de statues et de jets d'eau ali-
mentés par le canal amenant de Maincourt une partie des eaux
de l'Yvette. Quand Anne d'Autriche vint voir, le 25 juin 1661,
sa vieille amie, Marie de Rohan, alors veuve de Claude de Lorraine, le narrateur de cette visite signale la quantité de canaux,
cascades et fontaines qui font de ce lieu l'un des plus beaux
de l'Europe. Actuellement le parc, traversé par l'Yvette (1)

____

(1) En sortant de Dampierre pour aller à Chevreuse, on aperçoit
l'Yvette entrant dans le parc.

Statue en argent de Louis XIII adolescent (d'après une photographie de la maison Fayard).

et le ruisseau des Vaux-de-Cernay, présente deux pièces d'eau
fort étendues, des avenues magnifiques et des points de vue
pittoresques sur la Cour-Senlisse : les eaux qui abondent dans
la vallée ont été rassemblées pour former les vastes pièces et
les canaux, qui ont presque une lieue d'étendue. La partie du
parc regardant Chevreuse est de création récente. Le petit fief
de Becquancourt, longtemps entouré de murs et isolé du grand
parc dans lequel il était enclavé, ne vit son enceinte tomber
que vers 1839 ; on ne réserva que l'habitation du châtelain,
aujourd'hui encore l'un des plus jolis points de vue du parc,
avec sa voûte élégante et ses gracieuses tourelles. C'est à la
duchesse de Luynes, née du Ponceau, femme d'un goût très
sûr, que l'on doit les grandes percées et les allées sinueuses
du parc dans la direction de Chevreuse ; ces percées et ces
allées, qui contribuent à l'agrément et à la variété des prome-
nades, ont été exécutées sous les ordres de deux paysagistes,
MM. Fillieux et Varé, lesquels, en 1852, transformèrent les
prairies de Becquancourt et Saint-Forget en parc anglais, sans
toucher au parc français placé aux abords du château. Le
reste du parc est une vraie forêt, dont les routes suivent les
ondulations d'un terrain très accidenté. De superbes futaies
couvrent les pentes et le plateau de la colline disposée en
amphithéâtre, vis-à-vis du château. Des anciennes statues, il
ne reste plus qu'un groupe au midi, l'Enlèvement d'Hélène,
par de Bâtisse (1753).

Dans son voyage à Dampierre, en juin 1748, Louis XV visita
attentivement le parc ; le duc de Luynes écrit, en effet :

« S. M. alla dans le nouveau plant par delà l'île jusqu'à la
grille, et sortit un moment du jardin pour avoir le coup d'œil
de la Patte-d'Oie du plant de Senlisse. Il revint ensuite par le
même côté de la pièce d'eau jusqu'au plant qu'on appelle
Plant-Neuf, et monta à la salle des Tilleuls. Il suivit la route
qui mène à l'Etoile des Charmilles. Il entra dans la dernière
des Chimères (bosquets situés entre le fer à cheval et l'extré-

mité du grand canal), descendit au bassin de décharge, entra dans le quinconce, traversa le canal dans le va-et-vient, se promena dans le petit bois et rentra dans la maison par le parterre à l'anglaise. »

L'ILE.

L'île est à l'extrémité de la grande pièce d'eau qui est à droite du château. Il ne reste de ses cinq pavillons que celui du milieu, qui était le salon ; les quatre autres ont été démolis dans l'hiver de 1856 à 1857 ; ils tombaient en ruines. Les belles boiseries sculptées du château de Dampierre proviennent du pavillon du milieu de l'île. Le duc de Luynes nous renseigne sur le passé des pavillons :

« 20 juin 1743.

« La Reine vint ici lundi ; elle n'avait point encore vu le bâtiment composé de cinq pavillons qui est dans la pièce d'eau et qu'on appelle l'île. Ce bâtiment, qui est tout neuf, ne fait que d'être achevé. Il y avait autrefois un bâtiment dans le même lieu, composé de cinq pavillons à l'antique. Cette île est fort connue dans les mémoires du temps, parce que Mme la duchesse de Chevreuse s'y retirait quelquefois pour travailler à ses affaires.

« Ce fut là qu'elle reçut, le 6 septembre 1637, un courrier d'Anne d'Autriche (qui est représentée au château de Dampierre par son buste) ; il était convenu que si les affaires tournaient mal, la Reine lui enverrait un livre d'heures relié en noir ; dans le cas contraire, la reliure devait être violette. On se trompa de couleur, on envoya un livre d'heures noir alors que les affaires allaient pour elle bien, et la duchesse passa en Espagne. »

Au XVIIIe siècle, des fêtes sont données dans l'île en l'honneur de Marie Leczinska et de ses filles. Le duc de Luynes raconte ces fêtes :

« 4 août 1745.

« La Reine avec Mesdames vint dans l'île. Elle y trouva

Le petit fief de Becquencourt.

une troupe de jardiniers et jardinières avec toutes sortes d'instruments de musique, comme musette, vielle, etc., qui vinrent au-devant d'elles avec des habillements blancs ornés de rubans ; ils exécutèrent devant S. M. plusieurs morceaux de musique vocale et instrumentale tirés de différents auteurs. Le petit comte de Dunois était à la tête des jardiniers, vêtu comme eux ; il fit un petit compliment à la Reine, que Godinèche chanta ensuite devant S. M. Après ce divertissement, la Reine se mit au jeu, pendant que Mesdames allèrent se promener dans le parc et dans le jardin. Elles vinrent sur les sept heures dans l'île, où la Reine mange des gaufres et prend des glaces. »

« Septembre 1749.

« Mesdames voulurent aller dans l'île en chaloupe ; il y avait un bateau qui suivait la chaloupe, dans lequel étaient des timballes, trompettes, violons et violoncelles qui jouaient, sonnaient et battaient alternativement. Dans l'île, on servit des gaufres à la hollandaise à Mesdames, du café et des glaces. »

Dans sa visite de 1748, Louis XV lui-même passa quelques instants dans l'île :

« Le Roi entra dans l'île et resta un bon quart d'heure à s'y promener ; il passa et repassa le va-et-vient. »

La visite du château achevée, les membres de la Société archéologique traversent la petite cour intérieure, passent devant les deux statues de bronze qui tiennent les lanternes, longent les bâtiments de gauche, l'écurie modèle et regagnent la grande route.

Le temps manque pour visiter l'intéressante église de Dampierre, qui mérite une description.

LES JARDINS.

En 1885, M. Victor Bart (1) a donné une description des jardins de Dampierre, dont nous extrayons ce qui suit :

(1) Ancien président de la Société d'Horticulture de Versailles, qui visita Dampierre avec une commission de cette Société.

« Environ 5 hectares de terrains sont affectés aux cultures, dont M. Eugène Charles, le jardinier, est spécialement chargé. Elles comprennent le potager avec espaliers et verger, les serres et bâches, le fleuriste, le jardin français, les pelouses et la terrasse du château.

« M. Charles, qui est depuis quatre ans au service de Mme la duchesse de Luynes, a eu à replanter la majeure partie des arbres fruitiers en espaliers et en pyramides ; les anciennes plantations avaient été détruites par le froid excessif de l'hiver de 1879-80. Les nouvelles plantations sont bien réussies ; les jeunes arbres fruitiers sont presque tous en rapport.

« Le potager se trouve garni de légumes de la saison.

« A l'extrémité du potager, diverses plates-bandes réservées au fleuriste contiennent principalement des Rosiers variés.

« Les serres sont au nombre de sept ; trois d'entre elles servent à conserver durant l'hiver les plantes destinées à la décoration des appartements. La Commission y a vu des Coleus, des Pelargonium et des Fougères ; une autre serre contient des Orchidées ; une serre est employée à la multiplication, elle était garnie de Caladium et d'Ananas ; une serre spéciale est disposée pour forcer les Raisins. Il y a, en outre, un petit jardin d'hiver, rempli de Palmiers et de Broméliacées, une grande et une petite orangerie.

« Le jardin à la française se trouve séparé du potager par un mur de terrasse, long de 400 mètres, devant lequel existe une avenue plantée de Tilleuls.

« Ce jardin à la française est entouré de canaux de 12 mètres de largeur ; il lui a été donné la forme régulière d'un vaste carré, divisé par plusieurs allées et par des bandes de gazon qui encadrent des massifs et des corbeilles de fleurs. La disposition de toutes les plantes fleuries est très remarquable. Les Pelargonium au coloris le plus brillant prédominent dans l'arrangement général. Voici les noms des principaux d'entre eux : Duchesse de Luynes, Comtesse de Chambord, Madame

Le Pavillon dans l'Ile.

Thibault, Gloire-de-Corbeny, Van der Füll, Destinée, Guillon-Mangelli, Néron, Paul-Louis Courier, Bijou, Victoria-Queen, Mistress Pollock et New-Life.

« Pour agrémenter les massifs, varier les couleurs et faire ressortir les nuances, on y a ajouté diverses plantes à feuillage coloré et d'autres plantes décoratives, telles que des Ageratum nains, des Achyranthes variés, des Coleus nigra et Verschaffelti, des Anthemis, des Perilla, de la Santoline, des Mesembrianthemum, de la Centaurée maritime et des Pyrèthres dorés.

« Une statue en marbre blanc, représentant Vénus au bain, domine l'ensemble du jardin français, qui a, en bordure, sur trois de ses côtés, des Cannas, des Maïs panachés, des Althæas, des Phlox et des Chrysanthèmes.

« En repassant le pont qui relie le jardin français à la terrasse du château, on trouve d'abord une rangée de vases garnis de Pelargonium Nosegay à floraison très abondante. Il est bon de rappeler que les Nosegay figurent parmi les premiers Pelargonium cultivés en France.

« Entre cette terrasse et le bassin dans lequel coule la nappe d'eau déversée d'une manière continue par la cascade, la mosaïculture présente aux regards charmés des sujets décoratifs de composition variée, séparés entre eux par des plates-bandes de gazon.

« Au sommet de la pelouse, disposée en amphithéâtre, qui domine le bassin de la cascade, se trouve un groupe fait à Rome en 1753, représentant l'Enlèvement d'Hélène. Cette pelouse est entourée de quarante-quatre grands Orangers en caisses.

« Pour l'ornementation des jardins et des appartements, le jardinier-chef emploie chaque année jusqu'à 140,000 plantes.

« Dans la partie forestière existent, avec deux grandes avenues de Tilleuls, un certain nombre d'arbres plus que séculaires. Dans les jardins, la Commission avait remarqué un beau Sophora japonica, un Gleditschia triacanthos ou Févier d'Amérique et un Gymnocladus canadensis.

« Des cygnes animent la grande pièce d'eau creusée à droite de la terrasse du château. Une île, ménagée presque à l'extrémité de cette pièce d'eau, porte une petite construction affectée à une salle de bains.

« Il reste à parler des massifs qui décorent la grande cour d'entrée, et des dispositions particulières prises pour cacher à la vue les caisses de douze grands Orangers placés des deux côtés de la partie basse de cette cour.

« Les deux massifs principaux sont composés de Pelargonium Comtesse de Chambord et Néron, ayant pour encadrement des Pelargonium Bijou. Quatre autres corbeilles ou motifs décoratifs de moindre dimension sont formés de Pelargonium Madame Thibault, entourés de Pelargonium Madame Crousse. L'harmonie des couleurs ainsi réunies ressort vivement sur des pelouses de verdure.

« Quant aux caisses des Orangers, elles se trouvent cachées par des Pelargonium Lierre et par des plantes de Pétunias simples et doubles très florifères.

« Vues du premier étage du château, les décorations florales du jardin français, de la grande terrasse et de la cour d'honneur produisent dans leur ensemble l'effet le plus ravissant. »

L'Eglise.

L'église paroissiale, dédiée à Saint-Pierre, a été en partie reconstruite en 1858 ; pour rectifier la voie publique, le chœur a été reporté au couchant. L'ancien clocher et les premières travées de la nef ont été conservés.

Le duc de Luynes fit restaurer l'église de Dampierre et peindre intérieurement, suivant l'usage adopté au moyen âge : sur ses indications, de 1855 à 1862, l'architecte Debacq, en collaboration avec Charles Garnier, l'architecte de l'Opéra, construisit une chapelle funéraire attenant au côté gauche de l'église. Ce petit édifice, destiné à la sépulture de la famille de Luynes, est de forme rectangulaire et de style ogival. A la frise, sur les côtés latéraux, est répétée deux fois l'antienne de l'office des morts : *Requiem æternam dona eis, Domine, et lux perpetua luceat eis.* Au fond, au-dessous du vitrail peint par le peintre Lobin (1815-1864), qui, d'abord peintre d'histoire, s'adonna, à la fin de sa carrière, à la peinture sur verre, à Tours, où il avait fondé une manufacture, on lit cette sentence :

O mors, quam amara est memoria sua! (O mort, que ton souvenir est amer !) Au milieu de la chapelle, sur une plaque de bronze ajourée, ménagée dans le plafond du caveau, est gravée l'inscription suivante : *Honoratius de Albertis dux Luynensis sibi, suisque vivis defunctis et posteris faciendum curavit quibus pax Domini tribuatur æterna. Anno Domini 1 8 6 2.* (Honoré d'Albert, duc de Luynes, a pour lui-même, pour les siens aujourd'hui vivants qui mourront et pour sa postérité, pris soin de faire construire ce caveau, destiné à ceux auxquels la paix éternelle du Seigneur a été donnée.)

Adossé au mur de droite, se trouve un cénotaphe surmonté d'une belle statue de marbre blanc, représentant la seconde femme du duc de Luynes, Adèle Amys du Ponceau, que le duc avait tant aimée.

Cette statue est une œuvre remarquable de Jean-Marie Bonnassieux, né en 1810, auteur de la *Jeanne Hachette* du Luxembourg, du *Comte de Las-Cases*, de *la Vierge de Fleurs*, de la statue colossale de Notre-Dame de France, exécutée pour la vallée du Puy et coulée avec le bronze des canons pris à Sébastopol.

A gauche est pratiqué l'escalier qui descend à la crypte. A l'entrée et sous la grille qui sépare la chapelle de l'église, on lit sur le parement : *Orate pro defunctis et pro F. Debacq, architecto.* (Priez pour les défunts et pour F. Debacq, architecte.) Le duc de Luynes avait beaucoup aimé Debacq, son architecte, qui, de 1850 à 1858, avait restauré le château de Châteaudun et avait construit à Hyères la villa Alberti. Les statues de *la Justice* et de *la Religion* sont l'œuvre de Fromanger; la statue de *la Religion* figura au Salon de 1868. Dans un pilier, à droite en entrant, est renfermée la main gauche du duc de Luynes, gouverneur de Paris (1717-1771).

En 1741, Marie Leczinska assista à un salut dans l'église de Dampierre.

« 16 juillet 1741.

« La Reine demanda un salut à la paroisse ; elle n'en avait point le droit et il fallait la permission de l'archevêque de Paris. L'archevêque de Rouen prit sur lui d'autoriser. A sept heures, la Reine alla à la paroisse. M. le curé la reçut à la porte du cimetière, marcha devant elle jusqu'à la porte de l'église, où il se retourna et lui présenta l'eau bénite ; elle fut conduite à un prie-Dieu au milieu du chœur. »

En 1748, Louis XV y entendit la messe.

« Le Roi entendit la messe, dit le duc de Luynes ; il n'avait amené ni aumônier ni chapelain, ni même apporté de livres. Ce fut moi qui lui prêtai un livre et eus l'honneur de le lui présenter. Ce fut le curé de Dampierre qui dit la messe, assisté de son vicaire et de mon aumônier. »

Les membres de la Société rejoignent leurs voitures, laissent à main droite le vieux hameau de Feucherolles, remontent la côte abrupte qui conduit aux Maréchaux, et là ils se séparent : les uns se dirigeant sur Dourdan, les autres sur Montfort, d'autres, au moyen du petit chemin de fer, vers la gare des Essarts, tous paraissant satisfaits d'avoir pu admirer et apprécier les œuvres d'art les plus belles qu'il y ait dans notre arrondissement, réunies par un homme de goût, un artiste doublé d'un savant accompli.

APPENDICES

—

I. — Pièces inédites relatives au « Louis XIII » de Rude (château de Dampierre).

Communication de M. Lorin au Congrès des Sociétés des Beaux-Arts, en juin 1901.

Le château de Dampierre, construit en 1680 par Mansart, restauré en 1840 par Duban, renferme des œuvres d'art fort célèbres, réunies par le duc de Luynes au XIXe siècle. La *Pénélope* de Cavelier, *l'Age d'or* de Ingres, la *Minerve* de Simart, qui, en 1855, fut l'objet de tant de discussions passionnées, sont là : là aussi se trouve le *Louis XIII* de Rude.

Nous sommes heureux de donner sur cette œuvre d'art un document inédit; c'est le contrat de fonte de la statue et de son piédestal.

Le duc de Luynes, voulant dresser un monument de reconnaissance de sa famille en l'honneur du roi Louis XIII, commanda, vers 1841, une statue de ce roi, bienfaiteur du connétable de Luynes.

Louis XIII est représenté par Rude vers l'âge de seize ans; la révolution d'avril 1617, le renversement du pouvoir du maréchal d'Ancre avaient rendu Luynes tout-puissant.

Pendant cinq années, de 1617 à 1621, il dirigea les destinées de la France; deux historiens, Victor Cousin et Berthold Zeller, ont, en ces derniers temps, réhabilité sa mémoire, que le cardinal de Richelieu, son rival, avait cherché à ternir.

Rude, sur les indications du duc de Luynes, choisit le moment où la faveur du duc de Luynes commence pour représenter le roi Louis XIII, aussitôt après le coup d'Etat d'avril 1617.

Rude avait terminé le modèle en plâtre de sa statue au commencement de l'année 1842.

Ce fut la maison Eck, Richard et Durand qui fut chargée de la fonte.

Nous possédons et joignons au présent travail l'original de la convention signée avec les fondeurs et qui porte la date du 22 mars 1842 :

« La statue à fondre en argent est *Louis XIII adolescent;* cette statue a 1^m,70 de hauteur.

« Il sera payé aux fondeurs, pour façon de fonte, réparage et montage, la somme de 12,000 francs.

« Richard, Eck et Durand devront livrer la statue le 1er janvier 1843 ; ils se conformeront rigoureusement à l'original ; le titre du métal sera celui des monnaies françaises.

« L'épaisseur du métal ne devra pas excéder 0^m,002 pour les parties les plus minces, les parties les plus fortes auront 0^m,005.

« Les sommes nécessaires à l'acquisition du métal en lingots seront remises aux fondeurs par l'intendant du duc de Luynes. »

Cette première convention était suivie d'une seconde avec les mêmes fondeurs, elle porte la date du 25 décembre 1842 ; cette convention a trait au piédestal de la statue, « qui doit être fondu en bronze ; ce piédestal sera achevé le 1er avril 1843, et il sera payé aux fondeurs, pour ce travail, 10,000 francs ».

Rude, lui, ne demanda que 7,000 francs pour l'exécution de sa statue ; le duc de Luynes, toujours généreux, le pria d'accepter 10,000 francs.

La décoration de la salle ne fut achevée qu'à la fin de l'année 1846 ; elle a coûté près de 97,000 francs.

Mantz, Huillard-Bréholles et d'autres critiques ont fait l'éloge de cette statue.

Nous tenions à communiquer au Comité des Beaux-Arts les conventions intervenues entre les fondeurs, qui fixent la date précise de l'exécution de cette œuvre.

Rien de ce qui touche le château de Dampierre, que visita, en 1868, après la mort de Ingres, Charles Blanc, ne

saurait être, à notre avis; indifférent (*Gazette des Beaux-Arts*
de 1868 et 1869, visite du château de Dampierre par Ch.
Blanc).

Rambouillet, le 31 janvier 1901.

LORIN,
Secrétaire de la Société archéologique
de Rambouillet.

Nous, soussignés, Richard, Eck et Durand, fondeurs et fabricants de bronzes, demeurant à Paris, rue des Trois-Bornes,
n° 15;

Après avoir examiné attentivement le modèle d'une statue de
Louis XIII adolescent fait pour M. le duc de Luynes par M. Rude,
statuaire, et avoir reçu toutes les observations de ce dernier
concernant la plus parfaite reproduction de ladite statue;

Nous nous engageons envers M. le duc de Luynes, représenté par M. Duban, architecte, à fondre en argent ladite
statue, haute de $1^m,70$ y compris la plinthe, à la réparer et à
la monter avec tout le soin possible, à la rendre en tout point
parfaitement conforme au modèle en plâtre qui nous a été
livré à cet effet; en un mot, à ne la regarder comme terminée
qu'après l'entière approbation du statuaire, qui en surveillera
l'exécution, et l'acceptation de M. le duc de Luynes.

Il est bien entendu que ladite statue en argent sera privée
de toute pièce de rapport destinée à boucher soit des manques
dans la fonte ou autres défauts.

L'extrême perfection de toutes les parties du modèle devant
exclure tout travail de ciselure, il ne sera exécuté sur la fonte
que le travail nécessaire pour le réparage et faire disparaître
les coutures.

Il nous sera payé pour façon de fonte, réparage et montage,
la somme de 12,000 francs.

Ladite statue sera livrée complètement terminée à M. le duc
de Luynes le 1er janvier 1843, faute de quoi MM. Richard et Cie
s'engagent à perdre 500 francs par chaque mois de retard sur
le prix de 12,000 francs stipulé ci-dessus.

Les conditions d'exécution ci-dessus exprimées étant complètement remplies et la reproduction exacte de l'original étant obtenue au gré de M. Rude et de M. le duc de Luynes, si M. Rude jugeait indispensable de demander sur le métal quelque travail additionnel qui ne figurât pas sur le modèle qui a été fourni à MM. Richard et Cie, ce travail serait l'objet d'une indemnité dont le montant serait stipulé ultérieurement, sur l'estimation de M. Rude et de M. Duban.

Le titre du métal employé à la fonte de ladite statue sera celui des monnaies françaises. Cette condition est de rigueur; il a été expressément convenu que le titre du métal ne pourrait varier de plus de cinq millièmes, soit en plus, soit en moins; en un mot, il sera accordé au fondeur la facilité qu'accorde la Monnaie au fabricant de métaux précieux pour la différence du titre de l'argent. Faute de satisfaire à cette condition, l'œuvre pourra être refusée.

Il pourra y être apposé le contrôle de la Monnaie, aux frais de M. le duc, s'il le juge convenable.

Chacune des parties dont se composera la statue devra être essayée par un expert au fur et à mesure de la fonte, et un certificat d'essai, constatant le titre de l'argent, sera remis à l'architecte soussigné.

L'épaisseur du métal ne devra pas excéder 0^m,002 pour les parties les plus minces; les parties les plus fortes auront 0^m,005 environ, sans préjudicier toutefois à la solidité nécessaire.

La quantité de métal employée sera reconnue par le poids de la statue toute terminée, sans que les fondeurs puissent rien réclamer au sujet de la perte produite par l'évaporation ou le réparage, cette perte ayant été évaluée dans le prix alloué pour la façon.

Les sommes nécessaires à l'acquisition du métal ou des lingots nous seront remises par M. Grindelle, intendant de M. le duc de Luynes, sur les bons de l'architecte, au fur et à mesure que les besoins de la fonte lui auront été démontrés.

Le prix des façons, stipulé plus haut, nous sera payé après

le complet achèvement de la statue et son acceptation par le statuaire et M. le duc de Luynes.

L'excédent de l'argent fourni pour la fonte sera remis à M. Grindelle, en numéraire, immédiatement après la dernière pièce fondue. Il est entendu que MM. Richard et Cie ne pourront prétendre à aucun bénéfice sur le métal d'argent qui sera employé pour l'exécution de ladite statue.

Fait double à Paris, le 22 mars 1842.

Approuvé l'écriture ci-dessus :
L. RICHARD, ECK et DURAND.

Approuvé l'écriture ci-dessus :

Félix DUBAN.

(Au nom de M. le duc de Luynes.)

Nous, soussignés, L. Richard, Eck et Durand, fondeurs en bronze, demeurant à Paris, rue des Trois-Bornes, n° 15 ;

Nous engageons envers M. le duc de Luynes, représenté par M. Duban, architecte, à fondre en bronze de la meilleure qualité, réparer et monter un piédestal pour la statue du roi Louis XIII ; en un mot, de le reproduire, en tout point, parfaitement conforme au modèle qui nous sera remis par M. Rude, statuaire.

Son achèvement ne sera regardé comme complet qu'après l'entière approbation du statuaire, qui en surveillera l'exécution, et l'acceptation de M. le duc de Luynes.

L'extrême perfection de toutes les parties du modèle devant exclure tout travail de ciselure, il ne sera exécuté que la parure nécessitée par les jets et la disparition des coutures.

Ledit piédestal sera livré complètement achevé le 1er avril 1843.

Il nous sera payé pour ce travail la somme de 10,000 fr., ainsi qu'il suit :

3,000 francs le 30 janvier 1843 ;

3,000 francs le 27 février 1843, et 4,000 francs après son entier achèvement et son acceptation par M. le duc de Luynes.

S'il n'était pas livré le 1er avril 1843, il pourrait nous être fait une retenue de 150 francs par chaque semaine de retard, sur le prix de 10,000 francs stipulé ci-dessus.

Fait double entre nous, à Paris, ce 1er décembre, jour de la livraison du premier morceau par le statuaire.

Félix Duban.   L. Richard, Eck et Durand.

Dans le *Journal officiel* du 2 juin 1901, M. Henry Jouin, rapporteur général du Congrès des Beaux-Arts, s'exprime ainsi sur la communication de M. Lorin :

« L'histoire, a dit Michelet, est une résurrection. » Le mot fait image ; mais il serait ambitieux de le rappeler lorsqu'il ne s'agit que d'un fait secondaire mis au point par la découverte d'un document. M. Lorin, correspondant du Comité à Rambouillet, nous apporte le contrat relatif à la fonte du *Louis XIII* de Rude, commandé au maître par le duc de Luynes. On sait que ce chef-d'œuvre d'élégance et de savoir a été fondu en argent. C'est donc une pièce d'orfèvrerie par la richesse de la matière en même temps qu'un ouvrage du plus haut style par le talent de l'homme qui l'a conçu et modelé. J'ai tort, n'est-il pas vrai, d'essayer la description de cette statue, l'un des joyaux du château de Dampierre, lorsque j'ai sous la main, tracées par un écrivain doublé d'un penseur, M. de Fourcaud, qui préside, en ce moment, la genèse et l'image écrite du *Louis XIII* de Rude. « Ayant vu — c'est « M. de Fourcaud que je cite — dans le *Manège royal*, de « Pluvinel, l'estampe où nous est montré le jeune Louis XIII « instruit par un écuyer des règles de l'équitation, Rude se « laisse séduire. Cette image s'impose à son esprit. Il rendra « le royal adolescent, la cravache à la main, libre de souci, « en une attitude élégante et cavalière, et ce sera proprement « la synthèse des aristocratiques affinements. » Telle est l'œuvre. Passons à la fonte. Le docteur Legrand, l'un des biographes de Rude, parlant du *Louis XIII*, écrit que le duc de Luynes, qui était d'abord convenu du prix de 6,000 francs avec le statuaire pour l'exécution de son travail, eut quelque peine à lui faire accepter 10,000 francs. Mais la fonte se serait élevée à 12,000 francs. D'autre part, *l'Artiste* du 27 février 1842 renferme une note d'après laquelle la fonte en argent aurait coûté 40,000 francs. Autant d'erreurs que vient rectifier M. Lorin, le contrat en mains. Legrand serait exact quand il parle de 12,000 francs, car nous relevons cette phrase dans le contrat découvert par M. Lorin : « Il nous sera payé « pour façon de fonte, réparage et montage, la somme de « 12,000 francs. » Mais Legrand laisse entendre que Rude fut chargé de la fonte et qu'il en supporta les frais. Là est l'erreur. Les 10,000 francs versés au sculpteur sont indépendants des 12,000 que Duban, représentant du duc de Luynes, s'engage, le 22 mars 1842, à payer aux fondeurs Richard, Eck et Durand. Il n'est donc pas juste de laisser supposer que Rude fut lésé dans l'exécution du *Louis XIII*. Qui a connu le duc de Luynes aurait peine à concevoir un pareil oubli. Si la pièce produite par M. Lorin n'est pas une résurrection, elle est tout au moins une réparation. »

II. — Terre de Dampierre.

Après la mort du duc de Luynes, partie de la terre de Dampierre fut vendue à la requête de Charles-Honoré-Emmanuel d'Albert, duc de Luynes et de Chevreuse (1), demeurant à Paris, rue Saint-Dominique-Saint-Germain, n° 31, à l'hôtel de Luynes, en présence de : 1° Mme Julie-Valentine de Contades, duchesse de Chevreuse (2), veuve de M. Honoré-Louis-Joseph-Marie d'Albert de Luynes, duc de Chevreuse, tutrice naturelle et légale de Paul-Marie-Stanislas-Honoré d'Albert de Luynes et de Chevreuse (3); 2° M. Elzéar-Charles-Antoine de

(1) Le fils aîné, majeur, tué en 1870.
(2) La duchesse de Chevreuse, morte en 1900.
(3) Plus tard, le duc de Chaulnes, alors mineur, décédé.

Pontevès, marquis de Sabran, au nom et comme tuteur naturel et légal de sa fille mineure Louise-Delphine-Marie-Valentine de Sabran-Pontevès (1), issue de son mariage avec Mme Marie d'Albert de Luynes et de Chevreuse.

Les subrogés tuteurs étaient M. Augustin-Mathieu-Marie-Stanislas de Larochefoucauld, duc de Doudeauville, et Adolphe-Sylvestre vicomte Amys du Ponceau.

La vente, qui avait lieu le 29 avril 1868, comprenait, sous le troisième lot de l'enchère, une partie de la terre de Dampierre, sise communes de Dampierre, Saint-Forget, Lévy, Maincourt, Senlisse, Cernay-la-Ville, Choisel, Bullion, la Celle-les-Bordes, les Essarts-le-Roi.

La contenance de ce lot était indiquée de 1,787 hectares 6 ares 42 centiares, et la vente avait lieu sur la mise à prix de 3,200,000 francs.

Le château était ainsi désigné : château entouré d'eau, communs, potagers, fruitiers, orangeries, serres, parterres, pièces d'eau, rivières, prairies, terres, bois, et quatre maisons de gardes, le tout clos de murs, situé sur les communes de Dampierre et Saint-Forget, et d'une contenance totale de 364 hectares 11 ares 95 centiares.

Vingt et une rubriques étaient afférentes à des bois contenant en tout plus de 500 hectares :

1° Le bois de l'Etrille, à Lévy-Saint-Nom, touchant le parc de la Cour-Lévy. . . . .   41 h. 35 a. 03 c.

2° Les bois de la Roche, sur Lévy.   57   57   31

3° Les bois de Maincourt, près des Ambésis et de M. Delapalme. . .   45   32   65

4° Les remises des Marnières et de la Hotterie, à Maincourt . . .   1   56   37

5° La remise de Lavagot, sur Dampierre, près du Mousseau   8   70   35

(1) Plus tard, Mme la marquise de Tholozan-Larcinty, représentant sa mère, décédée en 1863.

6° Bois de la Crène, sur Dampierre, près du Mousseau	32 h.	91 a.	16 c.
7° Les côtes de Fourcherolle et le petit bois de Goulette, sur Dampierre.	4	1	89
8° Les bois de Villeneuve et de la Mare-aux-Buis, sur Dampierre . .	16	99	25
9° Les bois Morard, de la Côte-à-Gilot et de la Grande-Houssière, sur Dampierre et Senlisse	6	85	25
10° Le bois de la Grande-Vigne, sur Dampierre	2	77	35
11° Le bois des Houssières, sur Senlisse et Dampierre.	50	36	73
12° Le bois dit la Lisière-des-Bouillons, sur Senlisse.	2	32	40
13° Les bois de Boulay, sur Senlisse	1	90	35
14° Le bois des Cascades, sur Senlisse, près des Maréchaux. . . .	1	57	95
15° Le bois des Fossés et la Haie-à-la-Bouchère, sur Cernay . . .	12	50	75
16° Le parc Saint-Robert, sur Cernay	11	92	»
17° L'ancien parc de Cernay, le bois Boisseau, le bois de la Petite-Ferme et de la Vieille-Vigne, sur Cernay et Senlisse	55	79	73
18° Le bois de Morienval et les côtes de Senlisse, au nord du mur du parc.	34	83	73
19° Les bois des Plants-de-Choisel	5	97	82
20° Le bois du Tartelet, sur Choisel	3	63	43
21° Les bois de Saint-Forget, de la Haute-Beauce, de Châtillon, de la Butte-Ronde, des Roches, des Plants, de la Roncerie, de la Palanderie et des Fours-à-Chaux, sur Saint-Forget	120	22	53

La désignation comprenait, en outre, six grandes fermes :

1° La ferme de la Malvoisine, sur
Senlisse . . . . 149 h. 83 a. 94 c.

2° La ferme du Bout-des-Prés, sur
Cernay (louée à M. Bonin). . . . 63   4   19

3° La ferme de la Douairière, sur
Cernay, Choisel, Bullion, la Celle,
Senlisse (louée à M. Cugnot) . . . 243   30   99

4° La ferme de Cernay-la-Ville
(ferme de M. Rouquant) 129   1   23

5° La ferme du Mousseau, sur
Dampierre (louée à la famille Valet) 128   14   30

6° La ferme et le moulin des Bouillons, sur Senlisse 73   12   9

Neuf moulins (1) étaient mis en vente :

1° Le moulin des Vaux 6   80   35
2° Le grand moulin de Cernay . 12   76   87
3° Le petit moulin de Cernay. . 5   81   33
4° Le moulin dit à Vau ou du Co-
lombier 12   53   »
5° Le moulin d'Aulne 24   94   52
6° Le moulin du Pont-de-Beauce. 1   88   60
7° Le moulin de Châtillon . . . 25   26   55
8° Le moulin des Roches . . . 12   57   55
9° Le moulin de Maincourt. . . 22   58   69

(Tous ces moulins sont sur l'Yvette ou les Vaux.)

En outre, il y avait des terres détachées, la petite ferme de
Garnes, sur Senlisse, de 24 h. 17 a. 27 c.; le château de la
Cour-Senlisse, loué à la marquise de Larochelambert; des
friches. la demi-lune de l'Abreuvoir, le parc de Valence, clos
de murs en ruines, etc. (2).

---

(1) La valeur des moulins a beaucoup diminué depuis 1868; la plu-
part ne doivent plus fonctionner.

(2) *Annonciateur* du 9 avril 1868.

 Les Écuries.

III. — Petits renseignements pratiques et divers.

Dampierre est à 15 kil. 300 de Rambouillet, à 17 kil. 700 de Versailles, à 3 kil. 900 de Chevreuse, à 36 kilomètres de Paris.

Par le chemin de fer de l'Ouest, pour aller à Dampierre, soit de Paris, soit de Versailles, soit de Rambouillet, en sens contraire, s'arrêter à la gare de la Verrière, distante de Dampierre de 8 kil. 500.

Une voiture publique, correspondante du chemin de fer, va le matin de la Verrière à Dampierre et fait un voyage le soir, de Dampierre à la Verrière, en traversant Maincourt, Lévy, le Mesnil-Saint-Denis; très jolie route en bicyclette, le long de l'Yvette.

Par la ligne du Luxembourg-Limours, pour aller de Paris à Dampierre, s'arrêter à Saint-Remy-les-Chevreuse; la voiture publique correspondante du chemin de fer d'Orléans dessert Dampierre plusieurs fois par jour. Saint-Remy est distant de 6 kil. 500 de Dampierre.

De Rambouillet, on peut aller à Dampierre avec des voitures de louage, ainsi que de Versailles.

Dampierre est à 5 kilomètres à peine de Cernay-la-Ville et des Cascades.

Il est loisible aux visiteurs de déjeuner à Dampierre, où il y a plusieurs restaurants : l'hôtel Saint-Pierre, tenu par Lemarchand, et trois autres maisons de moindre importance, tenues par MM. Lefèvre, Fourcaud et Lamy, cette dernière à l'extrémité sud du village.

Belle route de Dampierre à Chevreuse, longeant les parcs de Dampierre et de Mauvière.

Dans le voisinage, au bas du coteau de Saint-Forget, délicieuse promenade à pied par un chemin rural partant de la Haute-Beauce et aboutissant sur le territoire de Lévy-Saint-Nom, près d'un ancien moulin. Citons aussi une vue d'ensemble de Dampierre, de son parc, de son château et de l'entrée de la vallée des Vaux-de-Cernay, qui se trouve dans un sentier au-dessus de la Haute-Beauce, et dont parle le Guide Joanne.

A signaler encore une autre vue au sommet qui fait face au château.

On y accède par la demi-lune et la route pierreuse.

A cet endroit, M. Puig, beau-frère de M. Jouet, notre collègue de la Société archéologique, a placé, en 1896, un petit chalet démontable du système Duclos, de Courbevoie. Cette construction est communément appelée la « Maison de fer ». Presque tous les visiteurs qui viennent à Dampierre ont la curiosité de jeter un coup d'œil sur ce chalet, d'où se découvre un panorama superbe ; on aperçoit de là les châteaux de Dampierre avec ses bois, de Becquencourt, de Meridon, les villas de Sargis à Saint-Remy-les-Chevreuse ; la vue s'étend même jusqu'au delà d'Orsay. On voit également à droite Senlisse et jusqu'à l'entrée des Vaux-de-Cernay, et à gauche Saint-Forget, le Mesnil-Sevin et les coteaux qui se succèdent jusqu'à Coignières. L'œil embrasse environ 20 kilomètres d'étendue. Quant au chalet, il n'est pas improprement appelé la « Maison de fer », car toute l'armature, c'est-à-dire les fermes et les parois extérieures sont en fer. L'intérieur est en bois verni. Ce genre de construction, basé sur les nécessités coloniales, a trouvé de nombreuses applications à Madagascar, dans l'Afrique du Sud, etc. Généralement, ces maisons n'ont qu'un rez-de-chaussée ; cependant, il en existe d'importantes et à étages, notamment à Bagnolet, à Fontainebleau et dans les Alpes.

De la gare des Essarts-le-Roi à Dampierre, environ 8 kilomètres, deux jolies routes : l'une longeant l'Yvette, dont on peut voir les sources, passant par Girouard, Maincourt ; l'autre traversant une vaste plaine, inclinant à gauche, vers la ferme des Mousseaux, et rejoignant, dans une descente, la première route.

De Dampierre on peut aller visiter la Butte-Ronde, ancien camp romain où des fouilles ont été exécutées par le duc de Luynes, et dont il est question dans la notice sur Dampierre ; nous signalons encore la route de la Verrière à Dampierre par le Mesnil, le couvent des Mousseaux fondé par Mlle Husson, en laissant à droite le Mesnil-Sevin et en tournant à droite en arrivant à la route de Versailles à Dampierre ; très jolie route en bicyclette, mais pas d'omnibus.

Avoir avec soi *le Canton de Chevreuse*, de M. Morize, excellente monographie des communes de ce canton.

Pour l'avenir, la nouvelle ligne du chemin de fer de l'Etat, allant de Chartres à Paris, n'est pas indiquée dans le projet soumis à la Chambre comme devant passer à Dampierre ; néanmoins, dans l'exposé des motifs présenté à la Chambre des députés, le 2 juillet 1901, la question est réservée, car on craint que le tracé par Chevreuse n'entraîne de trop grosses dépenses ; s'il en était jugé ainsi, le tracé serait modifié et passerait par Dampierre.

Par arrêté préfectoral du 1er octobre 1901, le préfet de Seine-et-Oise a autorisé la Compagnie des chemins de fer d'Orléans à pénétrer dans les propriétés, à l'effet d'étudier une ligne de tramways allant de Saint-Remy-les-Chevreuse à Rambouillet, en passant par Dampierre.

Population de Dampierre : 676 habitants.

Superficie de la commune : 939 hectares.

Altitude : 171 mètres à Valence et aux Mousseaux.
   110 mètres dans la vallée.

L'école des garçons a été construite en 1844.

Production du pays : grains, fourrages, bois. — Ecarts : l'Erable, Foucherolles, Valence, la Mare-aux-Buis, la Maulnerie, les Mousseaux, Champromery, les Bordes et le Moulin-du-Pont-de-Beauce.

M. Moutié a écrit, dans son grand ouvrage de Chevreuse, des notices sur ces écarts.

M. Biéville, instituteur, auquel nous empruntons quelques renseignements, a, à l'occasion de l'Exposition universelle, fait une monographie de Dampierre pour laquelle il a obtenu une médaille de bronze.

M. Biéville s'étend sur l'instruction à Dampierre, sur les écarts, etc.

Voici quelques renseignements sur le budget de Dampierre, extraits de l'*Annuaire de Seine-et-Oise* de 1900 :

Dépenses ordinaires	7,714 fr.
Produit des centimes ordinaires.	4,056 fr.
Centimes extraordinaires	5,619 fr.
Valeur des centimes	86 fr. 10
Nombre des centimes	» 69
Montant de la dette	9,821 fr.
Revenus du Bureau de bienfaisance. . . .	2,117 fr.

Les archives de Seine-et-Oise possèdent un plan de la paroisse de Dampierre établi par l'intendance de l'Ile-de-France, en 1786; nous extrayons des notes placées à l'appui de ce plan ce qui suit :

	Mesures locales.		Mesures du Roi.	
	arp.	p.	arp.	p.
Terres labourables	987	91	661	33
En prés.	143	95	96	12
En vigne	86	90	58	17
En bois	300	83	201	38
En maisons, bâtiments, cours et jardins	954	67	639	08
En friches.	184	58	123	56
En chemins, carrefours et rivières.	48	80	32	67
Totaux.	2,707	28	1,812	31

La perche est de 18 pieds.

Telle était au siècle dernier la situation de Dampierre.

D'après le cadastre établi en 1819, la superficie de Dampierre se répartirait ainsi :

Terres	436 h.	68 a.	95 c.
Vignes	5	56	95
Jardins	14	28	00
Prés	52	36	45
Bois	333	70	70
Pâtures	1	44	95
Friches	26	73	75
Murgers		39	25
Mares		90	30
Sol, propriétés bâties	6	75	25
Objets d'agrément	9	81	00
Domaine de la Couronne. Bois actuellement propriété individuelle	32	34	00
Biens communaux		13	60
Chemins, places publiques	14	94	55
Rivières, ruisseaux	2	55	75
Total	938 h.	64 a.	25 c.

L'état civil de Dampierre mérite une mention particulière. On trouve à la mairie de Dampierre un registre, avec sa reliure du temps, contenant plusieurs parties. Il commence ainsi :

« Livre appartenant à Messire Pierre Brocet, vicaire de l'église parrochiale de Mons. Saint-Pierre de Dampierre, près Chevreuse :

« Livre des baptêmes faits en l'église Mons. Saint-Pierre de Dampierre par Messire Pierre Brocet, prestre vicaire du dit lieu, commençant le 4 juin de l'an 1525.

« Livres de mariages de 1525 à 1552.

« Les testaments faits par le même, de 1525 à 1556. »

La tenue des registres de l'état civil à Dampierre est donc antérieure de quatorze ans à l'ordonnance de François Ier, de

Villers-Cotterets, de 1539, qui contient en substance ce qui suit :

« Sera fait registre en forme de preuve des baptêmes, qui contiendra le temps et l'heure de la nativité, et par l'extrait dudit registre se pourra prouver le temps de majorité ou minorité et fera pleine foi à cette fin. »

M. Merlet cite des actes d'état civil conservés à Châteaudun et remontant à 1474; ce sont les plus anciens que l'on connaisse.

IV. — Nos photographies.

Nos photographies de l'intérieur de Dampierre ont été empruntées à l'ouvrage de Manuela, édité par M. Fayard.

Quant aux photographies de l'extérieur, elles ont été prises par M. Malitte, le vendredi 31 mai 1901, spécialement pour la revue *Versailles Illustré*, au cours d'une visite au château de Dampierre à laquelle ont pris part : M. et Mme Albert Terrade, Mlle Suzanne Aubert, M. Prodhomme, M. et Mme Brunet, MM. Brunet fils, M. Lorin, M. Malitte, déjà cité plus haut, et un jeune Anglais, M. William Foskett, très amateur de nos richesses artistiques, dont il sait apprécier toutes les finesses.

LORIN,
Avoué à Rambouillet.

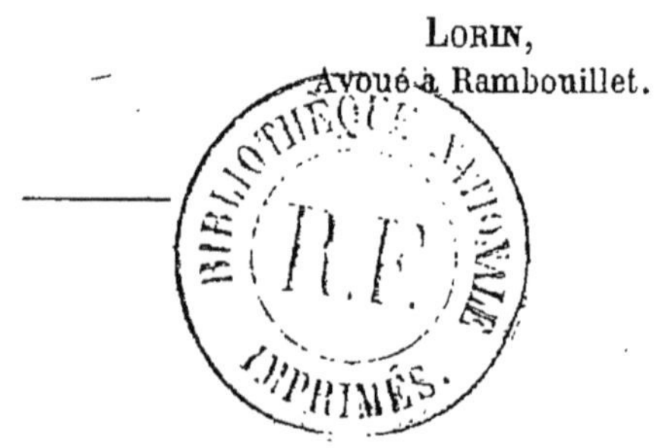

TABLE DES GRAVURES

TABLE DES MATIÈRES